KOCHEN MIT
·GIN·

Aromatische Rezepte,
Foodpairing & Cocktails

ABKÜRZUNGEN

cm = Zentimeter   g = Gramm   ml = Milliliter   Tl = Teelöffel
El = Esslöffel   kg = Kilogramm   Msp. = Messerspitze
FP = Fertigprodukt l = Liter   TK = Tiefkühlware

SYMBOLE

 PERSONEN   STÜCK    SCHWIERIGKEIT   ARBEITSZEIT   GESAMTZEIT*

 KLEINES GERICHT   GROSSES GERICHT   COCKTAIL UND MENGE   DESSERT

*Zeit bis zum Servieren, inkl. Arbeits-, Marinier-, Ruhe-, Koch- und Backzeiten.
Fehlt dieses Symbol, entspricht die Gesamtzeit der Arbeitszeit.

HINWEIS

Die Inhalte dieses Buches wurden von Autorin und Verlag sorgfältig geprüft, dennoch kann keine Garantie übernommen werden. Eine Haftung von Autorin und Verlag für Personen-, Sach- und Vermögensschäden ist ausgeschlossen.

Bei den Zutatenmengen ist jeweils das Rohgewicht, also das Gewicht des Lebensmittels vor der Verarbeitung, angegeben. Bei Stückangaben gehen wir immer von Lebensmitteln mittlerer Größe aus.

Die Backofentemperaturen in diesem Buch beziehen sich auf einen Elektroherd mit Ober-/Unterhitze. Falls du mit Umluft arbeitest, reduziere die Temperatur um 20 °C. Wenn nicht anders angegeben, die mittlere Einschubleiste zum Backen verwenden.

Texte und Rezepte: Nina Engels

Fotos: Kay Johannsen,
außer auf den Seiten 6 (© Peter – stock.adobe.com) und 12 (© helfei – stock.adobe.com)

Foodstyling: Guido Gravelius

NINA ENGELS

KOCHEN MIT GIN

Aromatische Rezepte,
Foodpairing & Cocktails

mit
Fotos von Kay Johannsen

INHALT

KOCHEN MIT GIN 6

MEHR ALS EIN SCHNAPS 7
GIN-FAKTEN 7
GIN-HERSTELLUNG 8
PRODUKTIONSVARIANTEN 9
GIN-SORTEN 9
GIN-BOTANICALS 10

AB IN DIE KÜCHE 13

AROMATABELLE 14

REZEPTE

LEGENDÄRE ABENDE 16

DRAUSSEN SCHMECKT ALLES BESSER 48

ZAUBERHAFTES DINNER 80

REZEPTVERZEICHNIS 112

KOCHEN MIT GIN

Elegant, voller Aroma, äußerst vielseitig und wahrer Kult: Gin ist in hohem Maße dafür geeignet, nicht nur getrunken, sondern auch in der Küche eingesetzt zu werden. Überzeug dich selbst, wie eine einfache Tomatensauce mit dem passenden Gin ein Gaumenkitzler wird, Dips und Saucen überraschend anders schmecken, Gin-Marinaden Grillgut das besondere Etwas verleihen. Oder entdecke Wildgerichte, die geradezu prädestiniert dafür sind, mit Gin noch mehr Aroma zu erhalten. Selbst Desserts bekommen den ganz besonderen Kick, mal mit Zitrusnoten, mal durch einen fassgereiften Gin. Dazu noch ein passender Aperitif, ein toller Digestif oder einfach ein perfekter Drink – so ein Abend mit Freunden kann nur gut werden!

Dank seiner vielfältigen Botanicals – also der Aromageber des Kult-Getränks – ist Gin wie keine andere Spirituose dazu geeignet, Gerichten einen besonderen Dreh zu geben. Denn erst die zugegebenen Aromen machen den Gin zum Gin und diese individuellen Geschmackskompositionen lassen sich eben perfekt auf die Zutaten und Aromen feiner Gerichte abstimmen. Mal ergänzen sie sich aufs Schönste, mal bilden sie einen spannenden Kontrast zu den Aromen der anderen Zutaten.

Insofern ist es logisch und längst überfällig, sich der spannenden Wechselwirkung von Küchenaromen, Botanicals und Hochprozentigem zu widmen.

Natürlich: Du hältst kein Familienkochbuch in den Händen. Alle Gerichte – auch diejenigen, die länger im Ofen schmurgeln – enthalten Alkohol. Aber für Freunde der kulinarischen Abwechslung, Gin-Liebhaber und einen tollen Abend mit netten Leuten sind die Rezepte dieses Buches genau das Richtige.

MEHR ALS EIN SCHNAPS

Bevor du Gin ausprobierst, testest, schmeckst und trinkst: Im Folgenden erfährst du ein paar spannende Fakten über Gin, die unterschiedlichen Möglichkeiten der Herstellung und Aromatisierung, Näheres über die wichtigsten Botanicals und Wissenswertes über Gin-Sorten. Damit wirst du nicht nur um ein paar Anekdoten beim Fachsimpeln reicher, sondern erhältst gleichzeitig Handwerkszeug, um die spannende Wechselwirkung der verschiedenen Gin-Sorten und Küchenaromen auszuloten.

GIN-FAKTEN

Gin ist ein Wacholderschnaps, der aus England kommt? Mitnichten! Er ist weder das eine noch das andere …

Entgegen der immer noch verbreiteten Meinung, Gin werde aus Wacholderbeeren destilliert, stammt der Grundalkohol der allermeisten Sorten, wie auch beim Wodka, aus Getreide oder Kartoffeln. Ausnahmen bestätigen die Regel, so gibt es auch Gin auf Reis-, Obst- oder Weinbasis. Auf Wacholderbasis gibt es ihn jedoch nicht – so viele Wacholderbeeren, wie benötigt würden, kann man gar nicht sammeln. Später noch mehr zur Gin-Herstellung, zunächst noch ein bisschen was zu den Ursprüngen.

Um 1550 etablierte sich in den Niederlanden, in Belgien und in Nordfrankreich die Tradition, Kornbrände mit Wacholder zu aromatisieren – von hier bis zum niederländischen Genever oder Jenever war es dann nur noch ein Katzensprung. Den etwas weiteren Sprung auf die Insel schaffte der Schnaps über einen Umweg, genauer gesagt über den Spanisch-Niederländischen Krieg, auch bekannt als der Achtzigjährige Krieg. In diesem kämpften englische Truppen an der Seite der Niederländer gegen die Spanier – und so bekamen die englischen Soldaten mit, dass sich die Niederländer mit Genever ein wenig Mut antranken. Den konnten die englischen Truppen natürlich auch gut gebrauchen. Wenig später begann man auch auf der Insel, Genever herzustellen – und da nach dem einen oder anderen Gläschen die Zunge schwer wird, wurde aus dem dreisilbigen Genever der einsilbige Gin.

Auf der Insel erlebte Gin sehr bald einen regelrechten Boom. Dieser war jedoch sicher nicht nur seinem Geschmack zuzuschreiben, sondern fußte auf einigen Erlassen und Gesetzen König Wilhelms III. von Oranien-Nassau, mit denen der ehemalige Statthalter der Niederlande seinen Lieblingsschnaps protegierte und der ihm erhebliche Wettbewerbsvorteile verschaffte.

Jedoch: Die Erfolgsgeschichte des Gins offenbarte bald schon ihre dunkle Seite, denn der maßlose Gin-Genuss wurde zum Problem für das Königreich. Unter Königin Anne, die 1702 König Wilhelm III. auf dem Thron ablöste, überschwemmte billiger Sprit die Londoner Armenviertel, die Kindersterblichkeit schnellte in die Höhe und der Gin-Wahn hielt ganze Stadtviertel Londons im Würgegriff. Sittenverfall, Verwahrlosung und die Kindersterblichkeit zwangen die Politik zum Handeln. Die Gin-Herstellung wurde massiv eingeschränkt und aufgrund einer Missernte

um 1757/58 wurde das Brennen von Getreide schließlich gänzlich verboten. Dieser Einschnitt tat der Gin-Herstellung gut – denn mit ihm professionalisierte sich die Destillerie-Industrie und so die Qualität der Gins.

Dennoch: Gins dieser Zeit waren gezuckert. Die sogenannten Old Tom Gins verloren erst zwischen 1830 und 1850 ihre absolute Vormachtstellung, als es durch weitere Verbesserungen im Herstellungsverfahren nach und nach überflüssig wurde, den Bränden durch Zucker ihre beißende Schärfe zu nehmen. Die Ära des London Dry Gins brach an. Nach vielen Elendsjahren wurde Gin wieder salon- und sogar hoffähig. Neben den Pubs, in denen Bier ausgeschenkt wurde, entstanden die sogenannten „Gin Palaces", in denen das Bürgertum zusammenkam, um das eine oder andere Gläschen zu leeren. Gin war wieder ganz oben in der Beliebtheitsskala angekommen. Jahrzehntelang blieb das so, bis ihm etwa in den 1960er-Jahren auf einmal der Wodka Konkurrenz machte. Gin erlebte eine neue schwere Krise, die Absatzzahlen brachen ein – bis 1980 der Bombay Sapphire auf den Markt kam. Die schicke saphirblaue Flasche, gepaart mit exotischen Aromen, traf den Zeitgeist. Und als sich um 1990 herum zugleich auch die Cocktailkultur neuer Beliebtheit erfreute, war es so weit: Gin war wieder in. Heute ist Gin so angesagt wie niemals zuvor – und qualitativ so verfeinert, vielseitig und perfektioniert wie kein anderer Brand.

GIN-HERSTELLUNG

Ob London Dry, Old Tom oder New Western – ganz am Anfang eines jeden Gins steht reiner Alkohol mit einem Alkoholgehalt von bis zu 96 Vol.-%. Gebrannt wird dieser Neutralalkohol meist aus Getreide, aber auch aus Kartoffeln, Obst, Wein oder – wie im Fall einiger japanischer Gins – aus Reis. Die allermeisten Destillerien beziehen diesen Neutralalkohol und stellen ihn nicht selbst her.

Für einen London Dry Gin werden im nächsten Schritt dem Neutralalkohol rund 25 % Wasser zugefügt, immer Wacholder und weitere Botanicals – welche genau das sind, darauf wird ab der Seite 10 noch ein genauer Blick geworfen. In welchem Verhältnis sie eingesetzt werden, ist allerdings das am besten gehütete Geheimnis einer jeden Gin-Destillerie. Ebenfalls Betriebsgeheimnis bleibt auch die Dauer der Mazeration, also eine Antwort auf die Frage, für wie lange die Aromageber im Alkohol-Wasser-Bad schwimmen und auf diese Weise ihre Aromen abgeben. Von mehreren Stunden bis zu mehreren Tagen ist alles möglich.

Nach der Mazeration wird erneut destilliert – es entsteht wieder eine klare Spirituose. Vor- und Nachlauf dieses zweiten Brennens werden abgetrennt, um unerwünschte, minderwertige oder gar gesundheitsschädliche Stoffe zu entfernen. Der sogenannte Mittellauf bleibt übrig und wird auf die spätere Trinkstärke heruntergewässert. Mindestens 37,5 Vol.-% Alkoholgehalt müssen

bleiben, um die Bezeichnung London Dry Gin tragen zu dürfen. Die meisten London Drys haben aber über 40 Vol.-% Alkoholgehalt. Ein London Dry Gin darf zudem keinerlei Abweichungen im Produktionsprozess aufweisen und auch keine weiteren Zusatzstoffe wie Aromen, Farbstoffe oder Zucker enthalten.

PRODUKTIONSVARIANTEN

Mehrfachmazeration
Dabei werden in den heruntergewässerten Neutralalkohol die Botanicals nicht zusammen, sondern einzeln mazeriert und erst später zum gewünschten Ergebnis zusammenkomponiert.

Nicht zeitgleiche Mazeration
Die Botanicals kommen nicht alle auf einmal in das Alkohol-Wasser-Bad, sondern nacheinander, um für jedes Botanical die optimale Mazerationsdauer zu erhalten.

Digeration
Der heruntergewässerte Neutralalkohol wird auf 40–50 °C erwärmt, den Botanicals somit in einer warmen Flüssigkeit ihr Aroma entzogen.

Dampfinfusion
Dabei werden die Botanicals nicht in den Neutralalkohol eingelegt, sie kommen stattdessen beim zweiten Brennvorgang in einen Korb oberhalb des Brennapparats. Der warme aufsteigende Dampf entzieht ihnen dann die Aromen. Befürworter dieser Methode loben die besonders schonende und feine Art, mit der die Aromen in den Gin übergehen.

Die Kunst des Brennmeisters besteht bei jeder der genannten Methoden darin, die Wechselwirkung und Gewichtung der Botanicals mit der Dauer des Auszugs zu koppeln und am Ende durch den zweiten Brennvorgang zu einem hochwertigen Brand zu destillieren – weich und voller Aromen.

Fasslagerung
Vor der Abfüllung in Flaschen gibt es am Ende der Gin-Herstellung noch eine weitere Methode, Gin mit Aromen anzureichern. Ob Whisky-, Wein- oder Wermutfässer: Bei der Fasslagerung entstehen spannende Aroma-Wechselwirkungen zwischen den gelagerten Gins und ihren Vorgängerbränden in den Fässern – und mitunter großartige Ergebnisse.

GIN-SORTEN

London Dry Gin
Obwohl der Name etwas anderes vermuten lässt, kann dieser Gin in New York, Berlin, Tokyo oder wo auch immer hergestellt werden. Es handelt sich also um keine geschützte geografische Herkunftsbezeichnung. Alles andere ist aber klar geregelt: Der Neutralalkohol muss zu Anfang mindestens 96 Vol.-% betragen, nach dem Wasserverschnitt noch mindestens 70 Vol.-% und das Endprodukt mindestens 37,5 Vol.-%. Zucker darf nicht zugesetzt werden, und der Zuckergehalt pro

Liter darf 0,1 g nicht übersteigen. Neben Alkohol und Botanicals ist in der Herstellung nur Wasser erlaubt – keinerlei weitere Zusätze. Zudem müssen Botanicals vor der zweiten Destillation, und zwar alle auf einmal, mazeriert werden. Der Wacholdergeschmack ist vorherrschend.

Gin

Kein Gin ohne Wacholder, denn um die Bezeichnung „Gin" tragen zu dürfen, muss die Wacholdernote laut EU-Verordnung von 2008 vorherrschend sein. Was vorherrschend bedeutet, ist selbstverständlich dehnbar, wie man bei vielen New Western Gins (s. u.) schmecken kann. Ansonsten gibt es beim Gin – anders als beim London Dry Gin – viel mehr Freiheiten im Herstellungsverfahren. So können hier die Botanicals nacheinander mazeriert werden oder einzeln. Auch müssen sie nicht alle auf einmal hinzugefügt werden, sondern zu jedem beliebigen Zeitpunkt. Auch alle anderen Möglichkeiten in der Produktion (s. o.) sind hier erlaubt. Du siehst: Die schlichte Bezeichnung „Gin" sagt nichts über die Qualität aus. Im Gegenteil: Ein guter Brennmeister hat dabei einen deutlich größeren Spielraum, Aromen perfekt aufeinander abzustimmen und ein großartiges Ergebnis zu erreichen.

New Western Dry Gin/New Western Style Gin

Diese Gins neueren Ursprungs enthalten selbstverständlich auch Wacholder – allerdings nicht als dominante Aromanote. Stattdessen treten andere Aromen sehr selbstbewusst dazu – mit tollen Ergebnissen. New Western Gins sind besonders vielseitig und aromareich, sie eignen sich nicht nur gut zum puren Genuss, sondern auch für den fein abgestimmten Einsatz in der Küche.

Old Tom Gin

Die Blütezeit des gezuckerten Gins war im 18. Jahrhundert und liegt damit schon einige Jahre zurück, doch ausgestorben ist er nicht. Bei heutigen Old Tom Gins kommt der Zucker allerdings nicht hinzu, um minderwertigem Alkohol die Schärfe zu nehmen, sondern als feine geschmackliche Abrundung.

Sloe Gin

Streng genommen ist Sloe Gin kein Gin, sondern ein mit Gin angesetzter Schlehen-Likör. Der Alkoholgehalt liegt zwischen 25 und 28 Vol.-%, die Farbe ist dunkelrot bis brombeerig, geschmacklich liegt sein Spektrum zwischen fruchtig-süß und herb.

American Dry Gin/Schwarzwald Dry Gin/Amsterdam Dry Gin

Diese sind keine geschützten Herkunftsbezeichnungen, sie sagen allerdings etwas über den Standort der Destillerie und/oder die verwendeten Botanicals aus.

GIN-BOTANICALS

Die Botanicals sind die Seele eines jeden Gins. Ohne sie wäre er – ja was eigentlich? Ein Wodka? Ein Botanical tritt dabei ganz besonders hervor, es genießt eine Vormachtstellung und ist bei der Herstellung laut Verordnung auch zwingend vorgeschrieben: die Wacholderbeere. Fangen wir daher

direkt mit einer kleinen Aufgabe an: Geh zum Gewürzregal und probiere eine Wacholderbeere! Nur zu, keine Angst, denn wer herbe Schärfe erwartet, wird überrascht sein. Wacholderbeeren schmecken viel lieblicher und vielschichtiger, als man erst einmal denkt. Wenn du das gemacht hast, fällt es dir leichter, den typischen Wacholdergeschmack im Gin zu erkennen – und daneben weitere Aromen zu identifizieren. Einige wichtige Botanicals findest du hier in aller Kürze vorgestellt:

Angelika

Die auch Engelwurz genannte Pflanze ist fast auf der gesamten Nordhalbkugel zu Hause. Ihre Samen und Wurzeln enthalten ätherische Öle, die nicht nur in vielen Kräuterlikören Verwendung finden, sondern auch in sehr vielen Gins. Ihr würziger, leicht scharf-bitterer und dezent süßer Geschmack sorgt im Gin für viel Aroma und wirkt wie ein natürlicher Geschmacksverstärker der anderen Aromen.

Ingwer

Frisch, würzig, scharf und mit Zitrusnote – Ingwer schmeckt herrlich aromatisch und vielseitig. Mit seinem Aroma macht er sich nicht nur in der Küche besonders gut, sondern harmoniert wunderbar mit Wacholder, was ihn zu einem gern gesehenen Gast bei der Mazeration macht.

Java-Pfeffer

Die auch als Kubebenpfeffer bekannte Pflanze besitzt ein sehr vielschichtiges Aroma: pfeffrig mit Eukalyptusanklängen, Bitterstoffen und leichten Zitrusnoten.

Kardamom

Ein beliebtes Botanical in der Gin-Herstellung. Das Ingwer-Gewächs kommt in vielen asiatischen und orientalischen Gewürzmischungen vor und sogar in Lebkuchen und Schokolade. Sein Aroma harmoniert sowohl mit süßen als auch pikanten Geschmacksnoten, ist vollmundig und duftet exotisch.

Koriander

(Fast) kein Gin ohne Koriander: Er ist neben Wacholder das wahrscheinlich am häufigsten eingesetzte Botanical. Neben würzigen, dezent scharfen, frischen und leicht bitteren Noten verleihen Koriandersamen dem Gin Tiefe und Vollmundigkeit.

Lavendel

Lavendel gibt Gin nicht nur ein parfümiertes, blumiges Aroma, sondern enthält auch mediterran würzige Noten, die dezent an Rosmarin erinnern, ohne jedoch so eindeutig zu sein.

Mandeln

Dein Gin erinnert dezent an Marzipan? Dann sind aller Wahrscheinlichkeit nach Mandeln enthalten, genauer gesagt Bittermandeln, die neben dem Süßmandelaroma noch Bitterstoffe beisteuern.

Nelke

Die getrockneten Blütenknospen sind äußerst intensiv, wie jeder von uns aus der Küche weiß. Es braucht daher nicht viel, um ein raffiniert würziges, dezent süßes und leicht bitteres Aroma beizusteuern.

Rose

Floral, elegant, leicht bitter und säuerlich, dabei immer dezent: Rosenblätter finden recht häufig Verwendung und verleihen Gins vor allen Dingen florale Frische.

Veilchenwurz

Es handelt sich dabei nicht um die Wurzeln von Veilchen, sondern die Rhizome von Schwertlilien. Traditionell gibt man Babys getrocknete Veilchenwurz als Hilfe beim Zahnen. In der Gin-Produktion wird Veilchenwurz ebenfalls sehr gerne eingesetzt. Die Wurzel verleiht vielen Gins ein blumiges Bouquet und wirkt sich insgesamt harmonisierend auf die weiteren Botanicals aus.

Wacholder

Kein Gin ohne Wacholder. Und damit nicht genug: Wacholder muss sogar der vorherrschende Geschmack bleiben. Bei den modernen New Western Gins werden diesbezüglich die Möglichkeiten des Erlaubten ausgereizt, viele weitere Aromen machen Wacholder hier seine Vormachtstellung streitig.

Zimt

Schon gewusst? In vielen Fertiggerichten wird Zimt als natürlicher Geschmacksverstärker eingesetzt. So verhält es sich auch beim Gin – zudem verleiht Zimt zarte Süße und starke Würze.

Zitrusfrüchte

Ob Orangen, Zitronen, Mandarinen, Bergamotten, Limetten oder Grapefruits: Die Schalen, Blüten und bisweilen auch Blätter dieser Zitrusfrüchte finden sich äußerst häufig bei den Botanicals. Je nach Sorte geht es um Frische, Fruchtgeschmack, Bitternoten und auch süße Aromen, die Gins zugeführt werden.

AB IN DIE KÜCHE

Die Gin-Aromatik ist quasi unbegrenzt. Beim heutigen Gin-Boom gibt es nichts, was es nicht gibt. Es gibt Gins, die mit Algen, Hackfleisch oder Ameisen aromatisiert sind, der Phantasie sind keine Grenzen gesetzt. So ist es auch unmöglich, an dieser Stelle ein Aromenraster aufzuführen, das alle Richtungen abdeckt. Um beim Kochen aber einige Anhaltspunkte zu haben, hilft dir die Tabelle auf S. 14/15. Bei den Rezepten selbst findest du konkrete Vorschläge für den jeweils idealen Gin.

Im Rezeptteil basieren die Gin-Empfehlungen auf den jeweiligen Hauptaromen des Gins und deren Wechselwirkung und Ergänzung für das jeweilige Kochrezept. Falls du den empfohlenen Gin nicht zu Hause hast – fühl dich frei, von den im Rezept genannten Sorten abzuweichen. Die Tabelle kann dir dabei eine Hilfe sein.

Ein guter Gin mit klassischer Wacholderaromatik sollte in keiner Hausbar fehlen. Zum Kochen ist er ein echter Allrounder, weil sein klassisches Aroma jedem Gericht einfach immer die typische Gin-Note verleiht, ohne zu sehr aufzutrumpfen. Ob der **Krater Noster** oder der **Tanqueray London Dry** – beides sind erstklassige Gins, die sehr vielseitig einsetzbar sind.

Bei mediterranen Gerichten, die bereits im Rezept viele Kräuter enthalten, liegst du mit einem kräuterbetonten Gin meist richtig. Allerdings gibt es hier große Unterschiede – denn du weißt ja: Kräuter können völlig unterschiedlich schmecken. Sehr vielseitig einsetzbar ist der **The Botanist** mit seinem feingliedrigen Aroma.

Gerichte mit Fisch oder Meeresfrüchten, manche Nachspeisen und viele Drinks bekommen durch zitrusbetonte Gins das gewisse Etwas. Als Allrounder kann man in diesem Fall den **Adler** nennen, der mit seinem Zitronenaroma breit einsetzbar ist.

Um in Gerichten mit vielen Gewürzen und kräftigen Aromen nicht unterzugehen, braucht es einen ebenso kräftigen Gin – einen Gin also mit starkem Gewürzaroma. Ein **Beefeater** ist hier vielseitig einsetzbar und hat genug Wumms, um in vielen Gerichten mitzuhalten.

Generell lässt sich sagen: Entweder versuchst du beim Kochen, mit dem Gin eine runde Sache zu schaffen, ihn also weich in die Aromatik des Gerichts einzugliedern. Oder du versuchst, mit Gin ganz besondere Akzente zu setzen, um dem Gericht eine überraschende Wendung zu geben. Vieles musst du aber einfach schmecken, um es beurteilen zu können. Daher hier eine ganz klare Empfehlung: Nimm an Gin-Tastings teil und entdecke die Aromenfülle, die Gin zu bieten hat.

AROMATABELLE

	Adler Berlin Dry Gin	Adnams First Rate	Albfink Aged Gin	Beefeater London Dry Gin	Black-Fox-Gin	Boar	Bombay Sapphire London Dry Gin	Boxer Gin	Brockmans	Broker's London Dry Gin	Elephant Sloe Gin	Ferdinand's Saar Dry Gin	Foerster's Heide	G+ Tangerine Gin
wacholderbetont			●	●			●	●		●		●	●	
kräuterbetont					●								●	
florale Akzente		●												●
Zitrusschalen (Zitrone/Grapefruit)	●													
Zitrusschale (Orange/Mandarine)														●
Zitrusfrucht								●						●
Kernfrucht (Apfel/Birne …)		●												
Beeren									●		●			
Anis/Fenchel/Süßholz				●										
asiatische Aromen (Ingwer/Zitronengras …)							●							
Tendenz insgesamt würzig			●	●		●	●			●		●		
Tendenz frisch	●						●							●
Tendenz trocken oder herb										●			●	
Tendenz leicht süß				●										
Tendenz süß											●			
Aromen durch Fasslagerung			●		●									

	Gin Mare Mediterranean Gin	Gin Sul	Gordon's London Dry Gin	Hammer Old English	Hendrick's Gin	Hermit	Hernö Old Tom	Krater Noster	Monkey 47 Dry Gin	Nikka Coffey Gin	Roku	Saffron	Silent Pool	Sipsmith Sloe Gin	Sünner Dry Gin No 260	Tanqueray London Dry Gin	Tanqueray No. Ten Gin	The Botanist Islay Dry Gin	Williams Chase Elegant Gin
			●	●			●		●						●	●	●		
	●	●				●		●				●					●		
				●				●				●	●		●				●
			●		●		●								●		●		
					●						●	●							
		●		●		●						●							
									●			●							●
													●						
											●								
												●					●		
			●						●										
	●			●	●				●						●	●	●	●	●
	●	●	●				●		●							●	●	●	
						●				●									
				●		●								●					

MENÜ

PASTRAMI-SANDWICHES
TOMATEN-GIN-SUPPE
LINGUINE IN TOMATEN-KRÄUTER-GIN

OLIVEN-GRISSINI
GIN-SALSA
NACHOS

COQ AU GIN
FROZEN GIN TONIC

PENNE GIN-ARRABBIATA
HÄHNCHEN-GIN-PFANNE
REH-MEDAILLONS
GIN-MOUSSE AU CHOCOLAT

PATATAS BRAVAS
GIN SOUR
ARROZ DE MARISCO
GIN-BEEREN-TRIFLE

GIN-TONIC-POPTAIL
GIN MULE
GIMLET

PASTRAMI-SANDWICHES
MIT KAPERN-GREMOLATA UND GIN-MAYONNAISE

4 | 30 MIN.

MAYONNAISE
1 Ei
1 Tl Senf
2 Tl Zitronensaft
1 Msp. Salz
200 ml Rapsöl
2 El Gin

GREMOLATA
1 Bund Rucola
3 El Kapern
1 Knoblauchzehe
1 El Olivenöl

SANDWICHES
8 Scheiben Roggenmischbrot
   (à 50 g)
3 El Olivenöl
600 g Pastrami (dünn geschnitten)

Den Backofen auf 200 °C vorheizen. Für die Mayonnaise das Ei aufschlagen und in ein hohes Gefäß geben. Senf, Zitronensaft, Salz und das Rapsöl dazugeben. Den Pürierstab bis unten ins Gefäß halten, einschalten und hochziehen. Den Gin untermischen und die Mayonnaise mit Salz, Senf oder Gin abschmecken.

Rucola putzen, waschen, trocken schleudern und fein hacken. Kapern abspülen, trocken tupfen und ebenfalls fein hacken. Knoblauch schälen und sehr fein würfeln. Rucola, Kapern, Knoblauch, Olivenöl und etwas Salz in einer Schüssel verrühren.

Die Brotscheiben dünn mit dem Olivenöl bepinseln und auf ein mit Backpapier ausgelegtes Backblech legen. Im heißen Ofen etwa 7 Minuten knusprig backen, dann herausnehmen.

Die Brote mit Mayonnaise bestreichen, die Hälfte der Scheiben mit der Hälfte des Pastramis belegen. Die Gremolata darauf verteilen, mit dem restlichen Pastrami belegen und die restlichen Brotscheiben daraufgeben. Leicht andrücken, halbieren, feststecken und sofort servieren.

Probiere bei diesem Gericht einen Gin mit herber Frische wie den **Nikka Coffey Gin** aus Japan, der in der Mayonnaise elegant auf die kräftigen Aromen der Gremolata antwortet.

TOMATEN-GIN-SUPPE
MIT HUHN

4 | 30 MIN. | 2 STD.

2 Fenchelknollen
300 g festkochende Kartoffeln
1 Bund glatte Petersilie
2 Tl Fenchelsamen
2 Zwiebeln
2 Knoblauchzehen
350 g Kirschtomaten
500 g Hähnchenbrustfilet
100 ml fruchtig-pfeffriges Olivenöl
2 El Tomatenmark
2 Lorbeerblätter
1 Tl Kurkumapulver
1 l Geflügelfond
500 ml trockener Weißwein
Salz
Pfeffer
75 ml Gin
1 Bund Basilikum

Fenchelknollen waschen, putzen und würfeln. Das Fenchelgrün beiseitelegen. Die Kartoffeln waschen, schälen und in nicht zu kleine Würfel schneiden. Die Petersilie waschen und trocken schleudern. Fenchelsamen im Mörser fein zerstoßen. Zwiebeln schälen und sehr fein würfeln. Knoblauch schälen und ganz fein würfeln. Kirschtomaten waschen und halbieren. Das Hähnchenbrustfilet waschen, trocken tupfen und in mundgerechte Würfel schneiden.

In einem großen Topf 4 Esslöffel des Öls erhitzen und die Hähnchenwürfel darin portionsweise goldgelb anbraten. Anschließend herausnehmen.

Das restliche Öl erhitzen und Zwiebeln mit Fenchel unter Rühren andünsten. Knoblauch hinzugeben, dann das Tomatenmark unterrühren. Lorbeerblätter, Kurkuma, Tomaten und Kartoffeln dazugeben. Geflügelfond und Weißwein angießen, das gesamte Hähnchenfleisch hinzugeben. Die Suppe etwas salzen und pfeffern, dann die Petersilie mit Stängeln hineinlegen. Alles aufkochen und bei milder Hitze etwa 90 Minuten köcheln lassen.

Petersilie entfernen, den Gin einrühren und die Suppe abschmecken. Basilikum waschen und trocken tupfen. Ein paar Blätter zum Garnieren beiseitelegen, die restlichen Blätter in Stücke zupfen und unterrühren. Die Suppe auf Teller verteilen und mit Basilikumblättern garniert servieren.

GIN TIPP

Der **Saffron,** ein französischer Gin mit süßlichem Orangenaroma, nimmt es mit den Aromen der Fenchelknolle auf und ist für diese Suppe daher einfach perfekt.

LINGUINE
IN TOMATEN-KRÄUTER-GIN

1,5 kg aromatische Tomaten (alternativ Tomaten aus der Dose, 1 kg Abtropfgewicht)
2 Zwiebeln
2 Knoblauchzehen
3 Zweige Thymian
5 El fruchtiges Olivenöl
1 Tl Salz
1 Prise Zucker
Pfeffer
60 ml Gin
500 g Linguine
1 Bund Basilikum
100 g Parmesan

Die Tomaten waschen und die Stielansätze entfernen. Die Früchte kreuzweise einschneiden, in eine Schüssel legen und mit kochendem Wasser übergießen. Nach etwa 20 Sekunden durch ein Sieb abgießen, dann häuten und entkernen. Das Fruchtfleisch hacken. Alternativ die Dosentomaten abgießen und hacken.

Zwiebeln und Knoblauch schälen und fein würfeln. Thymian waschen und trocken tupfen, die Blättchen von den Zweigen zupfen.

Olivenöl in einer Pfanne erhitzen. Die Zwiebeln bei mittlerer Hitze unter Rühren etwa 5 Minuten goldgelb andünsten. Knoblauch hinzugeben und kurz weiterdünsten. Tomaten und Thymian, Salz, Zucker und etwas Pfeffer hinzugeben. Aufkochen lassen und dann bei leicht geöffnetem Deckel und mittlerer Hitze je nach gewünschter Konsistenz etwa 40 Minuten köcheln lassen. Anschließend den Gin in die Tomatensauce einrühren.

Die Linguine in ausreichend kochendem Salzwasser bissfest kochen. Währenddessen Basilikum waschen, trocken tupfen und die Blättchen von den Stängeln zupfen. Ein paar Blättchen zum Garnieren beiseitelegen, die restlichen Blätter klein schneiden. Basilikum unterrühren, dann die Sauce nochmals abschmecken. Den Parmesan in Späne hobeln.

Die Nudeln abgießen und mit der Sauce vermengen. Auf Teller verteilen, den Parmesan darüberstreuen und mit den restlichen Basilikumblättern garnieren.

GIN TIPP

Der **Gin Mare** mit seinen Thymianaromen unterstützt den frischen Thymian und gibt der Tomatensauce einen richtigen Kräuterkick.

GIN TIPP

In der Salsa schmeckt ein sehr klassischer wacholderbetonter Gin wie der **Tanqueray London Dry** oder der unterschätzte **Gordon's London Dry**.

OLIVEN-GRISSINI
MIT GIN-DIP

24 — 40 MIN. — 1 STD.

GRISSINI
100 g schwarze Oliven mit Stein
250 g Weizenmehl (Type 550)
½ P. Trockenhefe
1 Tl Salz
3 El Olivenöl

GIN-DIP
3 kleine Gartengurken
 (ersatzweise 5 cm Salatgurke)
3 El Kapern
5 Stängel glatte Petersilie
1 Bund Schnittlauch
200 g Feta
50 g Crème fraîche
3 El Gin
1 Msp. Limettenabrieb
1 El Limettensaft
Salz
Pfeffer

AUSSERDEM
Olivenöl zum Bepinseln und
Fleur de Sel zum Bestreuen

Für die Grissini die Oliven entsteinen und hacken. Mehl, Trockenhefe, Salz, Oliven, Olivenöl sowie 130 ml lauwarmes Wasser in einer Schüssel verrühren. Mit den Knethaken des Handrührgeräts oder mit den Händen etwa 4 Minuten durchkneten. Den Teig zu einer Kugel formen, die Schüssel mit einem feuchten Tuch abdecken und etwa 1 Stunde an einem warmen Ort gehen lassen.

Den Backofen auf 200 °C vorheizen. Den Teig nochmals durchkneten, dann halbieren. Jeweils zu einer Rolle formen und jede Rolle in etwa 12 gleich große Stücke teilen. Die Stücke auf der bemehlten Arbeitsfläche zu Rollen von etwa 20 cm Länge formen und mit Abstand auf 2 mit Backpapier ausgelegten Backblechen legen.

Olivenöl zum Bepinseln mit 2 Esslöffeln Wasser verrühren. Die Stangen mit der Mischung bepinseln und mit etwas Fleur de Sel bestreuen. Zunächst 1 Blech in den Ofen geben und die Grissini ca. 10 Minuten goldgelb und knusprig backen, dann wenden und weitere 5 Minuten backen. Mit den restlichen Grissini ebenso verfahren.

Für den Dip die Gurken waschen, trocknen und klein würfeln. Falls eine Salatgurke verwendet wird: längs halbieren und die Kerne mit einem Teelöffel entfernen, erst dann würfeln.

Kapern abspülen, trocken tupfen und je nach Größe und Geschmack hacken oder ganz belassen. Die Kräuter waschen und trocken schleudern. Petersilienblätter von den Stängeln zupfen und hacken, Schnittlauch hacken.

Feta, Crème fraîche und Gin glatt verrühren. Dann alle restlichen Zutaten untermengen und die Creme mit Salz und Pfeffer abschmecken. Den Dip zu den Grissini reichen.

GIN TIPP

Zu dem Dip passt ein sehr klassischer wacholderbetonter Gin, wie der **Tanqueray London Dry.** Doch auch der exklusive und im Wermutfass gereifte **nginious!** aus der Schweiz harmoniert mit den schwarzen Oliven ganz hervorragend.

GIN-SALSA
MIT NACHOS

6 — 15 MIN. — 30 MIN.

3 Ochsenherztomaten (insgesamt ca. 600 g)
1 rote Zwiebel
2 Knoblauchzehen
1 scharfe rote Chilischote
1 unbehandelte Limette
5 Stängel Estragon
3 Zweige Thymian
2 El Olivenöl
1 Msp. Salz
2 Prisen Zucker
80 ml Gin
Nachos zum Servieren (FP oder Rezept s. u.)

Die Ochsenherztomaten waschen, die Stielansätze entfernen und die Tomaten klein würfeln. Zwiebel und Knoblauch schälen und fein würfeln. Chilischote waschen, putzen und ebenfalls fein würfeln. Die Limette heiß abspülen, die Schale abreiben und den Saft auspressen. Estragon und Thymian waschen, dann trocken tupfen. Die Blättchen getrennt voneinander abzupfen.

Das Olivenöl in einem großen Topf erhitzen. Zwiebel darin etwa 3 Minuten unter Rühren anschwitzen. Chili und Knoblauch hinzugeben. Bei mittlerer Hitze unter Rühren kurz mitdünsten, dann die Tomaten mit 1 Messerspitze Limettenschale, dem Limettensaft und dem Gin hinzugeben. Salz, Zucker und Thymian unterrühren und offen ca. 10 Minuten köcheln lassen, bis die Salsa andickt.

Topf vom Herd ziehen, Estragon unterrühren und die Sauce vollständig abkühlen lassen. Mit den Nachos servieren.

NACHOS

6 — 40 MIN. — 1 STD.

300 g Maismehl
125 g Weizenmehl (Type 550)
1 Prise Salz
500 ml Olivenöl

Den Backofen auf 180 °C vorheizen. Mais- und Weizenmehl mit Salz, 3 El Olivenöl und 280 ml kaltem Wasser zu einem Teig verkneten. Den Teig portionsweise auf einer bemehlten Arbeitsfläche zu dünnen, runden Fladen ausrollen.

Die Fladen in heißem Olivenöl backen, bis sie Blasen werfen. Dann herausnehmen, noch heiß in Dreiecke schneiden und mit Salz bestreuen. Auf ein mit Backpapier ausgelegtes Backblech legen und im Ofen knusprig backen. Abkühlen lassen und mit Salsa servieren.

Legendäre Abende

GIN TIPP

Probiere beim Coq au Gin einen Gin mit eleganten Kräuteraromen wie **The Botanist.** Auch der **Gin Mare,** mit seinen mediterranen Kräuteraromen, passt perfekt.

COQ AU GIN

4 | 30 MIN. | 6 STD.

2 Hähnchenkeulen
2 Hähnchenbrustfilets mit Haut
Pfeffer
4 Knoblauchzehen
1 Stängel Salbei
160 ml frisch gepresster Orangensaft
140 ml frisch gepresster Grapefruitsaft
100 ml Gin
1 Lorbeerblatt
1 Glas Kapernäpfel (130 g Abtropfgewicht)
2 Zweige Rosmarin
2 Zweige Thymian
4 rote Paprikaschoten
200 g Schalotten
Salz

AUSSERDEM
Olivenöl zum Beträufeln

Hähnchenkeulen und -brustfilets unter kaltem Wasser abspülen, trocken tupfen und pfeffern. Den Knoblauch schälen und in feine Stifte schneiden. Salbei waschen und Blättchen abzupfen. Alles in eine ausreichend große Auflaufform legen, dabei die Salbeiblättchen und den Knoblauch auf und unter den Hähnchenteilen verteilen.

Orangen- und Grapefruitsaft sowie Gin verrühren. In die Auflaufform gießen, Lorbeer dazugeben und alles abgedeckt im Kühlschrank 3–4 Stunden marinieren. Nach der Hälfte der Marinierzeit das Fleisch wenden.

Die Kapernäpfel abtropfen lassen. Rosmarin und Thymian waschen und trocken tupfen. Paprikaschoten halbieren, putzen, waschen und in Streifen schneiden. Schalotten schälen. Den Ofen auf 180 °C vorheizen.

Das Geflügel aus dem Sud nehmen. Etwa ⅓ des Suds abgießen, den Rest in der Form belassen. Paprika, Kapernäpfel, Schalotten und Kräuter darin verteilen. Salzen, pfeffern und mit Olivenöl beträufeln. Die Geflügelstücke trocken tupfen, kräftig salzen und pfeffern und mit der Hautseite nach oben auf das Gemüse legen. Mit Olivenöl beträufeln, dann alles ca. 1 Stunde im heißen Ofen garen. Mit Baguette oder Ciabatta servieren.

GIN TIPP

Mit dem **Adler Berlin Dry Gin** wird die Sache perfekt. Zitronenaromen bringen die Extra-Frische. Aber auch andere Gins mit herberen Zitrusnoten wie der **Leopold's American Small Batch Gin** mit Grapefruitnoten passen super.

FROZEN GIN TONIC

1 GLAS | 4 MIN.

Ein Glas mit **GESTOSSENEM EIS** füllen. **4 CL GIN** darübergießen, mit **150 ML TONIC WATER** auffüllen. Mit **1 LIMETTENSCHNITZ** garnieren und sofort servieren.

Legendäre Abende

PENNE GIN-ARRABBIATA

1,5 kg aromatische Tomaten (alternativ gehäutete Tomaten aus der Dose, 1 kg Abtropfgewicht)
2 Zwiebeln
2 Knoblauchzehen
5 rote Chilischoten
1 Bund glatte Petersilie
150 g Prosciutto in Scheiben
3 El Olivenöl
50 ml Gin
50 g kalte Butter in Stückchen
Salz
Pfeffer
500 g Penne

AUSSERDEM
Parmesan nach Belieben

Die Tomaten waschen, trocknen, putzen und hacken. Die Zwiebeln schälen und würfeln. Knoblauch schälen und in feine Stifte schneiden. Chilischoten waschen, trocknen, putzen und hacken. Petersilie waschen, trocken schleudern und die Blättchen hacken. Prosciutto fein würfeln.

Das Olivenöl in einer Pfanne erhitzen. Den Prosciutto darin etwa 5 Minuten unter Rühren andünsten. Zwiebeln und Chili hinzugeben. Weitere 5 Minuten dünsten, dann den Knoblauch dazugeben. Kurz weiterdünsten, dann die gehackten Tomaten dazugeben. Bei geschlossenem Topf etwa 40 Minuten köcheln lassen. Dann die Petersilie einrühren und alles weitere 15 Minuten offen einkochen lassen.

Zunächst den Gin, dann die kalte Butter in die Sauce rühren. Mit Salz und Pfeffer abschmecken. Die Penne in ausreichend kochendem Salzwasser bissfest garen, abgießen und mit der Sauce vermengen. Auf Teller verteilen und nach Belieben mit Parmesan bestreut servieren.

GIN TIPP

Der **Krater Noster** mit seinen kräftigen Wacholderaromen passt toll zum Prosciutto und kann trotz der Chili-Schärfe Akzente setzen.

HÄHNCHEN-GIN-PFANNE

4 | 40 MIN. | 50 MIN.

3 Zwiebeln
600 g Hähnchenbrustfilet
5 Zweige Thymian
1 Tl Fenchelsamen
1 getrocknete Chilischote
1 Tl Salz
1 Msp. Pfeffer
1–2 El Mehl
4 El Olivenöl
600 ml passierte Tomaten
200 g Sahne
80 ml Gin
1 Ciabatta
1 Knoblauchzehe
5 Stängel glatte Petersilie

AUSSERDEM

fruchtiges Olivenöl
zum Bestreichen

Die Zwiebeln schälen und fein würfeln. Hähnchenfleisch kalt abspülen, trocken tupfen und in mundgerechte Stücke schneiden. Thymianblättchen abzupfen, waschen und trocken tupfen. Fenchelsamen und Chilischote in einem Mörser zerstoßen und mit Salz, Pfeffer und Thymian mischen.

Das Hähnchenfleisch mit der Gewürzmischung einreiben und mit Mehl bestäuben. Das Olivenöl in einer Pfanne erhitzen und das Hähnchenfleisch portionsweise darin goldbraun braten. Herausnehmen und die Zwiebeln im verbliebenen Bratfett etwa 5 Minuten unter Rühren andünsten.

Passierte Tomaten in die Pfanne gießen, aufkochen, Sahne und Gin hineinrühren. Einmal aufkochen und bei mittlerer Hitze ca. 10 Minuten offen köcheln lassen. Das Hähnchenfleisch in die Sauce geben und bei schwacher Hitze warm werden lassen.

Währenddessen den Backofen auf 200 °C erhitzen. Das Ciabatta in Scheiben schneiden, mit Olivenöl bepinseln und auf ein mit Backpapier ausgelegtes Backblech legen. Im heißen Ofen etwa 5 Minuten knusprig backen. Herausnehmen und mit der geschälten Knoblauchzehe einreiben.

Petersilie waschen, trocken schleudern und die Blättchen fein hacken. Die Hähnchenpfanne abschmecken, auf Teller verteilen, mit Petersilie bestreuen und mit knusprigem Knoblauch-Ciabatta servieren.

GIN TIPP

Die Zitrusaromen vom **Adler** aus Berlin passen super zum Thymian.

GIN TIPP

Der **Monkey 47 Schwarzwald Dry Gin** – eine wahre Kräuterbombe – passt einfach perfekt zum Reh und den Gewürzen der Sauce.

OLD-SCHOOL-REHMEDAILLONS
MIT ROSMARIN-GIN-SAHNE UND ROSENKOHL

4 | 30 MIN. | 5:30 STD.

4 Rehmedaillons (à 180 g)
10 Wacholderbeeren
50 ml Gin
400 ml Wildfond
1 kg Rosenkohl
100 g durchwachsener Speck
Salz
Pfeffer
2 El Olivenöl
4 Schalotten
2 Zweige Rosmarin
30 g Butterschmalz
2 Nelken
5 Pimentkörner
Schalenspirale von
 1 unbehandelten Orange
1 Msp. Zimtpulver
1 Msp. gemahlene
 Korianderkörner
175 ml Sahne
2 Tl Mehlbutter
Salz
Pfeffer

AUSSERDEM
1 unbehandelte Orange
 in Scheiben
Preiselbeeren aus dem
 Glas zum Servieren

Die Rehmedaillons mit 5 angedrückten Wacholderbeeren in einen Gefrierbeutel geben. Gin mit 200 ml Wildfond verrühren und hinzugießen. Den Beutel verschließen und die Medaillons etwa 2 Stunden im Kühlschrank marinieren. 30 Minuten vor der Zubereitung aus dem Kühlschrank nehmen. Die Marinade und die Wacholderbeeren in eine Schale abgießen. Die Medaillons trocken tupfen.

Den Backofen auf 200 °C vorheizen. Den Rosenkohl waschen, putzen, große Röschen halbieren, kleine Röschen am Stielende kreuzweise tief einschneiden. Den Speck fein würfeln. Rosenkohl, Speck, etwas Salz, Pfeffer und das Olivenöl vermischen. Auf einem Blech verteilen und etwa 30 Minuten backen. Nach 15 Minuten einmal wenden.

Die Schalotten schälen und hacken. Rosmarin waschen und trocken tupfen, die Nadeln hacken. Etwas Butterschmalz in einer Pfanne zerlassen. Schalotten darin unter Rühren anbraten. Die restlichen Wacholderbeeren mit Nelken und Piment im Mörser grob zerstoßen, dann mit dem Rosmarin, der Orangenschalenspirale, Zimt und Koriander zu den Schalotten geben. Die Hitze erhöhen und alles mit dem restlichen Wildfond und der Marinade ablöschen. Die Flüssigkeit bei starker Hitze auf ungefähr ⅓ einkochen lassen. Die Sahne angießen und alles etwa 10 Minuten köcheln lassen. Durch ein Sieb in einen Topf abseihen. Erneut aufkochen, dann mit Mehlbutter binden. Mit Salz und Pfeffer abschmecken und die Sauce warm halten.

Die Rehmedaillons mit Salz und Pfeffer würzen. Restliches Butterschmalz zerlassen und die Medaillons von jeder Seite etwa 3 Minuten rosa braten. Mit dem Rosenkohl und der Gin-Sauce auf Teller verteilen. Je 1 Orangenscheibe hinzulegen und mit 1 Klecks Preiselbeeren anrichten. Dazu passen klassische Spätzle oder die Kräuterspätzle von Seite 85.

Legendäre Abende

GIN-MOUSSE AU CHOCOLAT

4 | 25 MIN. | 5 STD.

200 g Zartbitterschokolade (75 % Kakaoanteil)
40 g Butter
100 ml Konditor-Sahne (s. Tipp)
2 Eier
1 Eigelb
50 g Zucker
50 ml Gin
2 fein gemahlene Wacholderbeeren

Die Schokolade hacken und mit der Butter unter Rühren über einem heißen Wasserbad schmelzen.

Die Sahne steif schlagen. Bis zur weiteren Verwendung kalt stellen. Den Quirl gründlich säubern.

Die Eier trennen. Eiweiß mit 1 Prise Salz steif schlagen und bis zur weiteren Verwendung kalt stellen.

Eigelbe mit dem Zucker dick-schaumig quirlen, bis sich der Zucker aufgelöst hat. Den Gin und die gemahlenen Wacholderbeeren zugeben und unterrühren. Die geschmolzene Kuvertüre langsam in dünnem Strahl hinzugießen, dabei ständig behutsam mit einem Löffel umrühren.

Die Sahne und zum Schluss den Eischnee unterheben. Die Mousse auf Gläser verteilen oder in eine große Form füllen, um später Nocken abzustechen. Bis zum Servieren mindestens 4 Stunden kalt stellen.

Konditorsahne hat einen höheren Fettanteil (meist 35 %) und ist daher besonders aufschlagfähig und standfest. Die Mousse schmeckt aber auch mit normaler Sahne (die übrigens 30–32 % Fett enthält).

GIN TIPP

Ideal passt in diesem Fall ein fassgelagerter Gin wie der **Black Fox Gin.** Geschmackliche Hybride zwischen Gin und Rum oder Gin und Whisky sind die ideale Ergänzung für die süße Versuchung. Dunkle Schokolade und Orange passen auch immer.
Daher: Auch ein **Saffron** oder der **Tangerine** passen extrem gut.

GIN TIPP

Klar, mit dem Zitronensaft im Gin Sour harmoniert der **Adler** aus Berlin. Doch wer den Wacholder stärker betonen möchte, ist mit dem **Krater Noster** gut bedient.

GIN TIPP

Zu Kreuzkümmel und Koriander der Patatas bravas sind die indisch-fernöstlichen Kräuternoten des **Bombay Sapphire** hier genau richtig.

PATATAS BRAVAS
MIT GIN-MOJO-ROJO

4 | | 30 MIN. | 2 STD. |

MOJO ROJO
3 rote Paprikaschoten
1–2 rote Chilischoten
1 Knoblauchzehe
2 TL gemahlene Kreuzkümmelsamen
1 Msp. Salz
40 ml Olivenöl
3 El Gin
Pfeffer
5 Stängel Koriander

PATATAS
3 El Olivenöl
2 Knoblauchzehen
Salz
1,2 kg festkochende Kartoffeln
2 TL geräuchertes Paprikapulver

Den Backofen auf 200 °C vorheizen. Die Paprikaschoten halbieren, putzen und waschen. Auf einem Blech mit der Hautseite nach oben für etwa 20 Minuten in den Ofen geben, bis die Haut schwarz wird und Blasen wirft. Herausnehmen und in einer hitzebeständigen Schale mit Deckel etwas abkühlen lassen.

Den Backofen auf 225 °C vorheizen. Für die Patatas das Olivenöl in ein Glas füllen. Die Knoblauchzehen schälen, mit etwas Salz fein reiben, zum Olivenöl geben und etwas ziehen lassen. Währenddessen die Kartoffeln gründlich waschen und mit Schale in etwa 2 cm große Würfel schneiden. In eine Schüssel füllen und das aromatisierte Olivenöl durch ein Sieb hinzugießen. 1 ½ TL Salz sowie das Paprikapulver hinzugeben und gut vermengen. Die Kartoffelwürfel auf einem mit Backpapier ausgelegten Backblech verteilen und im Ofen etwa 20 Minuten goldbraun backen.

Für die Gin-Mojo-Rojo die Paprikaschoten häuten und in Stücke schneiden. Chilischoten waschen und putzen. Knoblauch schälen und in Stücke schneiden. Alles mit Kreuzkümmel, Salz, Olivenöl und Gin in hohes Gefäß geben und glatt pürieren. Mit Salz und Pfeffer abschmecken. Koriander waschen und die Blättchen abzupfen. Patatas bravas mit Mojo Rojo und mit Koriander bestreut servieren.

 TIPP

Sehr lecker schmeckt dazu auch die Gin-Mayonnaise aus dem Rezept **Pastrami-Sandwich** von S. 18.

GIN SOUR

1 GLAS | | 4 MIN.

5 CL GIN, 3 CL ZITRONENSAFT und **2 CL ZUCKERSIRUP** mit **EISWÜRFELN** in einen Shaker gebe, vermengen und durch ein Sieb in ein gekühltes Glas abseihen. **1 SCHUSS SODA** angießen, mit **1 ZITRONENSCHEIBE** garnieren und sofort servieren.

ARROZ DE MARISCO
MIT GIN-FLAVOUR

4   50 MIN.   90 MIN.

300 g Kalmare
500 g Herzmuscheln
600 g Garnelen
2 Zwiebeln
2 Knoblauchzehen
600 g Tomaten
4 EL Olivenöl
Salz
Pfeffer
250 g Vollkorn-Langkornreis
2 Stängel glatte Petersilie
1 Lorbeerblatt
600 ml Fischfond
600 ml Rinderfond
80 ml Gin
1 Tl gemahlene Korianderkörner
½ Bund Koriander
Salz
Pfeffer
Saft von ½ Zitrone

Die Kalmare säubern, ausnehmen und den Kopf entfernen, dann waschen und trocken tupfen. Den Körper in Ringe schneiden, die Tentakeln nach Belieben halbieren. Die Herzmuscheln unter kaltem Wasser kräftig abbürsten, geöffnete Exemplare wegwerfen. Die Garnelen, bis auf die Schwanzflosse, von der Schale befreien und entdarmen, den Kopf daran belassen.

Zwiebeln und Knoblauch schälen und fein würfeln. Die Tomaten waschen, den Stielansatz entfernen und die Früchte kreuzweise einschneiden. In eine Schüssel geben, kochendes Wasser darübergießen und etwa 20 Sekunden stehen lassen. Dann in ein Sieb abgießen und häuten. Die Früchte würfeln.

Das Olivenöl in einem ausreichend großen Topf erhitzen. Die Kalmare mit Salz und Pfeffer würzen und im Olivenöl rundherum anbraten, dann herausnehmen. Im verbliebenen Bratfett die Zwiebeln andünsten, dann den Knoblauch und die Tomaten hinzugeben und etwa 10 Minuten schmoren.

Den Reis in ein Sieb geben, abspülen und in den Topf geben. Die Petersilie waschen und trocken tupfen. Lorbeerblatt, Petersilienstängel, Fischfond, Rinderfond, Gin und Koriander hinzugeben. Alles verrühren, aufkochen und den Reis mit geschlossenem Deckel etwa 25 Minuten bissfest garen. Nun alle Meeresfrüchte zum Reis geben. Etwa 10 Minuten bei leicht geöffnetem Deckel weiterköcheln lassen.

In der Zwischenzeit Koriander waschen und trocken schütteln. Die Blättchen abzupfen. Wenn der Reis noch ganz leicht Biss hat, den Herd abstellen. Eventuell noch geschlossene Muscheln sowie die Petersilie entfernen, Korianderblättchen unterrühren. Alles mit Salz, Pfeffer und Zitronensaft abschmecken. In tiefen Tellern servieren.

Zum portugiesischen Klassiker passen natürlich Kräuteraromen der Algarve des **Gin Sul** perfekt. Da ist es auch egal, dass der Gin in Hamburg gebrannt wird.

Dieser abgewandelte portugiesische Klassiker sollte immer genügend Flüssigkeit haben. Falls der Reis also zu viel Flüssigkeit aufgenommen hat, etwas Wasser dazugießen.

Legendäre Abende | 41

GIN-BEEREN-TRIFLE

160 ml Orangensaft
200 g gemischte Beeren (auch TK)
75 g Zucker
1 Tl Speisestärke
75 ml Gin
100 g Löffelbiskuits (15 Stück)
200 g Sahne
200 g Mascarpone
1 Tl abgeriebene Limettenschale
1 El Limettensaft
50 g Puderzucker

AUSSERDEM
frische Beeren zum Dekorieren

Den Orangensaft in einem Topf um die Hälfte einkochen und anschließend abkühlen lassen.

Die Beeren waschen, trocken tupfen und mit dem Zucker etwa 5 Minuten dünsten. Werden tiefgekühlte Beeren verwendet, diese auftauen lassen, dann mit dem Zucker in einem Topf erhitzen.

Speisestärke mit Gin glatt rühren. Zu den Beeren gießen und die Mischung leicht damit binden. Dann vom Herd ziehen und ohne Deckel abkühlen lassen.

Die Löffelbiskuits in Stücke brechen und die Hälfte davon auf Gläser verteilen. Die Hälfte des Orangensafts darüberträufeln.

Die Sahne mit der Hälfte des Mascarpone steif schlagen. Den restlichen Mascarpone mit Limettenschale, -saft und Puderzucker verquirlen. Dann die Sahne-Mascarpone-Mischung esslöffelweise unterheben. Die Creme in einen Spritzbeutel füllen.

Die Hälfte der Creme auf die Löffelbiskuits spritzen. Die Hälfte der Beerenmischung daraufgeben. Dann die restlichen Löffelbiskuits darauf verteilen und leicht festdrücken. Mit dem restlichen Orangensaft beträufeln. Darauf die restliche Creme spritzen und die Trifles mit der restlichen Beerenmischung abschließen. Bis zum Servieren mindestens 2 Stunden kühl stellen. Nach Belieben mit frischen Beeren garniert servieren.

GIN TIPP

Brockmans ist ein mit Brom- und Heidelbeeren infundierter Gin. Er ist also der Gin der Wahl bei diesem beerigen Nachtisch. Mit Brom- und Heidelbeeren als Früchte der Wahl ergibt das eine wahre Beerenexplosion am Gaumen.

GIN TIPP

Hendrick's ist ein klassischer „Gurken-Gin", ebenso wie zum Beispiel Gin von **Sünner Dry Gin No 260**. Beide passen perfekt zu den Poptails. Natürlich kann man in der Gin-Sorte variieren – dann allerdings kann man auch andere Zutaten statt der Gurke nehmen. Beim **The Botanist** passt ein zarter Thymianzweig, beim **Tangerine** eine halbe Scheibe unbehandelte Mandarine. Lange Rede, kurzer Sinn: Einfach den Lieblings-Gin nehmen und eine vom Aroma passende Zutat mitgefrieren.

GIN-TONIC-POPTAIL

6 · 5 MIN. · 4 STD.

350 ml Tonic Water (z. B. Fever-Tree)
100 ml Gin
60 ml frisch gepresster Limettensaft
12 dünne Gurkenscheiben

Tonic Water mit Gin und Limettensaft verrühren. Auf die Eisförmchen verteilen. Die Gurkenscheiben schräg auf den Stiel stecken, diesen in die Cocktails tauchen und alles über Nacht im Gefrierschrank fest werden lassen.

AUSSERDEM
6 Eis-am-Stiel-Formen

Wem die Mischung zu stark ist, der kann sie natürlich nach Belieben verdünnen. Entweder durch weniger Gin bzw. mehr Tonic Water oder durch zugefügten Zuckersirup. Dafür wird Zucker und Wasser im Verhältnis 1:1 in einem Topf aufgekocht und verrührt, bis die Mischung klar ist. Durch den Zuckersirup geht natürlich der klassische Gin-Tonic-Geschmack verloren, dafür wird das Eis lieblicher im Geschmack.

Durch den enthaltenen Alkohol ist der Schmelzpunkt des Eises herabgesetzt. Das heißt: Es schmilzt schneller und braucht länger zum Gefrieren. Daher: Um für spontanen Besuch gerüstet zu sein, kannst du in Zukunft immer ein paar Poptails im Tiefkühlfach lagern.

GIN MULE

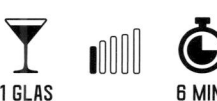

1 GLAS   6 MIN.

6 BLÄTTER MINZE und **2 DÜNNE SCHEIBEN INGWER** leicht andrücken, mit **3 CL LIMETTENSAFT** und **2 CL ZUCKERSIRUP** in einen Shaker geben und kurz schütteln.

5CL GIN dazugeben und noch einmal kurz vermengen, dann erst durch das grobe und schließlich durch das feine Sieb auf **EIS-WÜRFEL** abseihen.

Das Glas mit **100 ML GINGER BEER** auffüllen.

GIN TIPP

Probiere hier mal den **Bombay Sapphire.** Mit seiner Zitronengras-Exotik passt er super zu Ingwer und Minze.

GIMLET

1 GLAS   4 MIN.

EISWÜRFEL in ein gekühltes Glas geben.
6 CL GIN und **3 CL LIME JUICE CORDIAL** (Limettensirup) darübergießen. Mit **1 LIMETTENSCHEIBE** garnieren und sofort servieren.

GIN TIPP

Ein richtig frischer Cocktail braucht einen richtig frischen Gin. Probiere den **Sünner Dry Gin No 260** oder den **Hendrick's** dazu – das kickt.

Legendäre Abende

MENÜ

ARCHANGEL
RHABARBER FIZZ

GEFÜLLTE GURKEN
GEGRILLTE RIB-EYE-STEAKS
GEGRILLTE GIN-ANANAS

GIN-GAZPACHO
GIN-GRAVED-LACHS
TONIC-KÜCHLEIN

GERÄUCHERTE FORELLE
GEMÜSE-NUSS-EMPANADAS
GIN-MELONEN-GRANITA

BLÄTTERTEIGSTANGEN
GIN-GARNELEN-SPIESSE
MARINIERTES FLANKSTEAK
BASIL-GIN-SORBET

TOM COLLINS
GIN FIZZ

ARCHANGEL

1 GLAS   4 MIN.

6 CL GIN, 2 CL APEROL und **2 GURKENSCHEIBEN** in einen Shaker geben. Mit einem Stößel kräftig andrücken, schütteln und erst durch ein grobes, dann durch ein feines Sieb abseihen. Mit **1 LIMETTENZESTE** garnieren und sofort servieren.

GIN TIPP

Die bitteren Noten des Aperols verlangen nach etwas Frische. Bitte sehr: Der **Hendrick's** ist dafür wie geschaffen!

RHABARBER FIZZ

1 GLAS   4 MIN.

4 CL GIN, 2 CL RHABARBERSIRUP und **2 CL ZITRONENSAFT** in einen Shaker geben und schütteln. Zunächst durch ein grobes, dann durch ein feines Sieb auf **EISWÜRFEL** abseihen. Mit **SODA** auffüllen und mit **1 ROSMARINZWEIG** garnieren.

GIN TIPP

Zum süßsauren Drink passen als Kontrast Kräuteraromen besonders gut. Probiere hier den **Gin Mare** oder den **The Botanist**. Wichtig: Nicht den Rosmarinzweig als aromatisches Bindeglied vergessen.

GEFÜLLTE GURKEN
MIT ZIEGENKÄSE-GIN-CREME

5 Mini-Gurken
3 El Pinienkerne
5 getrocknete Tomaten in Öl
3 Stängel Basilikum
200 g Ziegenfrischkäse
2–3 El Gin
1 Spritzer Zitronensaft
Salz
Pfeffer

Die Mini-Gurken waschen, putzen, längs halbieren und das Innere mit einem Teelöffel herausschaben. Die Pinienkerne in einer Pfanne ohne Fett goldgelb rösten, dann beiseitestellen. Die Tomaten mit Küchenkrepp trocken tupfen und klein würfeln. Basilikum waschen, trocken tupfen und die Blättchen von den Stängeln zupfen. 10 Blättchen beiseitelegen, die restlichen in Streifen schneiden.

Ziegenfrischkäse, 2 Esslöffel Gin und den Zitronensaft miteinander verquirlen. Die Hälfte der Pinienkerne, sämtliche Tomaten und das geschnittene Basilikum darunterrühren. Die Creme mit Salz und Pfeffer und nach Belieben mit etwas mehr Gin abschmecken. Die Creme in den Gurkenhälften verteilen. Mit den restlichen Pinienkernen und den Basilikumblättchen garniert servieren.

Mini-Gurken gibt es nur kurz im Jahr. Alternativ können 4 cm lange Stücke einer Salatgurke hochkant verwendet werden. Auch hier das Innere, bis auf ein Stück für den Boden, herauslöffeln und dann die Creme hineinspritzen.

GIN TIPP

Der Ziegenkäse bekommt mit den starken Gewürzaromen eines **Broker's** richtig Wumms.

GEGRILLTE RIB-EYE-STEAKS
MIT GIN-MARINADE

8 | 1 STD. | 7 STD.

STEAKS

4 Rib-Eye-Steaks
  (à 300 g, ca. 2,5 cm dick)
10 Wacholderbeeren
6 Pfefferkörner
3 Knoblauchzehen
3 cm Ingwer
50 ml Gin
50 ml Sojasauce
1 Tl Palmzucker
50 ml Sonnenblumenöl

SALAT

1 grüne Papaya
1 dicke Möhre
4 Frühlingszwiebeln
½ Bund Koriander
5 El ungesalzene Erdnüsse
1 rote Chilischote
3 El Limettensaft
3 El Fischsauce
1 El Palmzucker
1 El Sesamöl

GIN TIPP

Der **Tanqueray No. Ten** wartet mit feinen Zitronengras- und Grapefruitaromen auf, die hervorragend zum limettigen Asia-Style-Salat passen.

Die Rib-Eye-Steaks in einen Gefrierbeutel geben. Wacholderbeeren und Pfefferkörner im Mörser grob zerstoßen. Knoblauch und Ingwer schälen und fein würfeln. Gin, Sojasauce, Palmzucker und Öl mit den Gewürzen, Knoblauch und Ingwer gut vermengen. Zu den Steaks geben, die Luft aus dem Beutel drücken, verschließen und die Steaks etwa 6 Stunden marinieren.

Für den Salat Papaya und Möhre schälen und mit dem Spiralschneider spiralisieren. Die Spiralen nach Belieben etwas kürzen. Die Frühlingszwiebeln waschen, putzen und das Weiße und Hellgrüne in feine Ringe schneiden. Koriander waschen, trocken schleudern und die Blättchen abzupfen. Alles in einer Schüssel vermengen.

Die Erdnüsse grob hacken, die Chilischote waschen, nach Geschmack entkernen und in feine Ringe schneiden. Limettensaft, Fischsauce, Palmzucker und Sesamöl verrühren. Über den Salat geben. Bis zur weiteren Verwendung ziehen lassen.

Die Steaks rund 30 Minuten vor dem Grillen aus dem Kühlschrank nehmen. Aus der Marinade nehmen und diese mit einem Messerrücken abstreifen. Die Marinade durch ein Sieb in einen kleinen, gusseisernen Topf abseihen und etwa 5 Minuten einkochen lassen. Die Steaks über direkter Hitze auf dem Grill von beiden Seiten jeweils 3 Minuten scharf grillen. Dann vom Grill nehmen und 5 Minuten ruhen lassen.

Den Salat auf Schalen verteilen, mit den Erdnüssen und den Chiliringen bestreuen. Die in Tranchen geschnittenen Steaks darauf anrichten und diese mit etwas eingekochter Marinade beträufeln.

GIN TIPP

Old Tom Gins mit Süße und Zitrustönen passen perfekt zur Ananas. Probiere **Hammer Old English** oder **Hernö Old Tom.**

GEGRILLTE GIN-ANANAS

6   20 MIN.

1 Ananas
150 g Zucker
30 g Butter
100 ml frisch gepresster Orangensaft
70 ml Gin

AUSSERDEM
Crème fraîche zum Servieren oder das Basil-Gin-Sorbet von Seite 56

Die Schale der Ananas abschneiden, die Frucht in Scheiben schneiden und den harten Strunk in der Mitte jeweils mit einem spitzen Messer herausschneiden.

Den Grill vorbereiten und eine ausreichend große gusseiserne Pfanne erhitzen. Den Zucker in die Pfanne geben. Sobald er goldgelb ist, die Butter hinzugeben und die Mischung mit Orangensaft ablöschen. Wenn alles wieder flüssig ist, die Ananasscheiben hinzugeben. Etwa 3 Minuten köcheln lassen, dabei einmal wenden.

Den Gin hinzugießen. Kurz erhitzen, dann anzünden. Wenn die Flamme erloschen ist, die Pfanne vom Grill nehmen. Die Ananasscheiben auf Teller verteilen und mit jeweils 1 Klecks Crème fraîche servieren. Wer genügend Vorbereitungszeit und Lust hat, serviert dazu das Basil-Gin-Sorbet von Seite 56.

GIN-GAZPACHO
MIT AVOCADO

6   25 MIN.   3:30 STD.

GAZPACHO
1 kg Tomaten
1 Zwiebel
2 Knoblauchzehen
2 rote Paprikaschoten
1 kleinere Salatgurke
2 El Olivenöl
2 El Rotweinessig
50 ml Gin
1 Msp. gemahlener Fenchelsamen
1 Tl gemahlene Korianderkörner
100 ml Gemüsefond
Salz
Pfeffer

AVOCADO
1 Avocado
2 El Zitronensaft
1 grüne Paprikaschote
½ Bund Basilikum

Die Tomaten waschen, trocken tupfen, die Stielansätze entfernen und das Fruchtfleisch grob hacken. Zwiebel und Knoblauchzehen schälen und grob schneiden. Die Paprikaschoten halbieren, putzen, waschen und in Stücke schneiden. Die Gurke putzen, schälen, längs halbieren und die Kerne herausschaben. Das Gurkenfruchtfleisch in Stücke schneiden.

Das vorbereitete Gemüse mit Olivenöl, Essig, Gin, Fenchel, Koriander und dem Gemüsefond in den Mixer geben und alles fein pürieren. Mit Salz und Pfeffer abschmecken. Abgedeckt 2–3 Stunden kühl stellen. Kurz vor dem Servieren noch einmal umrühren und gegebenenfalls mit Gin, Essig, Salz und Pfeffer abschmecken.

Die Avocado halbieren, den Stein entfernen, das Fruchtfleisch aus der Schale lösen und würfeln. In einer Schüssel mit Zitronensaft vermengen. Die Paprikaschote halbieren, putzen, waschen und klein würfeln. Basilikum waschen, trocken schleudern, die Blättchen von den Stängeln zupfen und in Streifen schneiden. Paprika und Basilikum mit den Avocadowürfeln vorsichtig vermengen.

Die Gazpacho auf Teller verteilen, die Avocadomischung darauf verteilen und sofort servieren.

Mit seinen tollen Gewürz- und Wacholdernoten ist **Broker's** genau der Richtige für diese kalte Suppe.

GIN-GRAVED-LACHS
MIT INGWER-ORANGEN-SAUCE

8 | 30 MIN. | 1 TAG

LACHS
- 800 g Wildlachsfilet am Stück mit Haut
- 1 unbehandelte Limette
- 3 cm Ingwer
- 1 Bund glatte Petersilie
- 6 Kaffirlimettenblätter
- 6 Pfefferkörner
- 30 g Zucker
- 50 g Meersalz
- 60 ml Gin
- 1 Bund Koriander
- 1 El helles Sesamöl

INGWER-ORANGEN-SAUCE
- 1 unbehandelte Orange
- ½ Tl Korianderkörner
- 2 Wacholderbeeren
- 3 cm Ingwer
- 150 g saure Sahne
- Salz
- Pfeffer

GIN TIPP

Der **Tangerine** mit Mandarinenaromen ergänzt die Kaffirlimettennote im Lachs mit zarten Fruchtaromen. Die Orangennote in der Sauce macht das Ganze mehr als rund. Ein Fest!

Das Wildlachsfilet unter kaltem Wasser abspülen und trocken tupfen. Die Limette heiß waschen, trocknen und in dünne Scheiben schneiden. Ingwer schälen und fein hacken. Die Hälfte der Petersilie waschen, trocken tupfen und die Blättchen hacken, den Rest zum Fertigstellen beiseitelegen. Die Kaffirlimettenblätter waschen, trocken tupfen und klein schneiden. Die Pfefferkörner im Mörser grob zerstoßen. Ingwer, Petersilie, Kaffirlimettenblätter, Pfeffer, Zucker und Salz in einer Schüssel mischen.

Den Lachs auf beiden Seiten mit dem Gin einreiben. Die Hälfte der Würzmischung auf die Hautseite streichen und festklopfen. Die Hälfte der Limettenscheiben auf einem Brett verteilen, den Lachs mit der Hautseite nach unten darauflegen. Die Oberseite mit der restlichen Würzmischung einreiben und die restlichen Limettenscheiben darauflegen. Dann alles mit Frischhaltefolie abdecken und den Lachs 1 Tag im Kühlschrank beizen.

Am nächsten Tag die restliche Petersilie sowie den Koriander waschen, trocken schleudern und die Blättchen fein hacken. Den Lachs aus dem Kühlschrank holen und die Würzmischung mit dem Messerrücken von beiden Seiten abstreifen. Dann den Lachs auf der Fleischseite mit Sesamöl einpinseln und mit die Petersilie darüberstreuen. Den Lachs in nicht zu feinen Stücken von der Haut schneiden.

Für die Sauce die Orange heiß waschen, trocknen und 1 Messerspitze Schale abreiben. Die Frucht auspressen. Orangensaft mit der abgeriebenen Schale, angedrücktem Koriander und Wacholder in einen Topf geben. Ingwer schälen und in Scheiben schneiden. Zum Orangensaft geben und alles zugedeckt einmal aufkochen lassen. Vom Herd ziehen, abkühlen lassen und schließlich in einen zweiten Topf abseihen. Ohne Deckel sirupartig einkochen, abkühlen lassen und mit der sauren Sahne verquirlen. Mit Salz und Pfeffer abschmecken und zum Lachs reichen.

Draußen schmeckt alles besser

TONIC-KÜCHLEIN
MIT GIN-CREME

   30 MIN. 4 STD.

KÜCHLEIN
2 Eier (Gr. S)
90 g Zucker
150 g Weizenmehl (Type 550)
2 gestrichene Tl Backpulver
1 Prise Salz
1 Tl abgeriebene Zitronenschale
50 ml Öl
80 ml Tonic Water

GIN-CREME
250 ml Konditorsahne
2 P. Vanillezucker
3 Blatt weiße Gelatine
70 ml Gin
2 El Zitronensaft
200 g Schmand

AUSSERDEM
Butter für die Form
7 Servierringe à 8 cm Ø
brauner Zucker und abgeriebene Schale von 1 unbehandelten Zitrone zum Bestreuen

Eine Springform (26 cm Ø) mit Butter einfetten. Den Backofen auf 180 °C vorheizen. Eier mit Zucker schaumig quirlen. In einer zweiten Schüssel Mehl mit Backpulver und Salz mischen. In einer dritten Schüssel Zitronenschale, Öl und Tonic Water verrühren.

Abwechselnd die Mehl- und die Tonic-Mischung unter den Eierschaum rühren. Den Teig in die Springform füllen und im heißen Ofen etwa 20 Minuten backen. Aus dem Ofen nehmen und in der Form etwas abkühlen lassen.

Für die Creme Sahne mit Vanillezucker steif schlagen. Gelatine in kaltem Wasser einweichen. Gin mit Zitronensaft in einem kleinen Topf leicht erwärmen. Die Gelatine ausdrücken und darin auflösen. Den Topf vom Herd ziehen und 2 Esslöffel Schmand unterrühren. Diese Mischung dann unter den restlichen Schmand rühren. Die Sahne unterheben. Die Creme bis zur weiteren Verwendung kalt stellen.

Aus dem Teigboden mit den Servierringen 7 Kreise ausstechen und diese in den Ringen belassen. Auf einen Teller stellen und die Creme darauf verteilen. Bis zum Servieren mindestens 3 Stunden kalt stellen. Nach etwa 1 Stunde mit braunem Zucker und einigen Zitronenzesten bestreuen. Zum Servieren die Küchlein aus den Ringen lösen und sofort servieren.

Konditorsahne hat einen höheren Fettanteil (meist 35 %) und ist daher besonders aufschlagfähig und standfest. Die Creme schmeckt aber auch mit normaler Sahne (die übrigens 30–32 % Fett enthält).

Draußen schmeckt alles besser

GIN TIPP

Verwende für die Creme **Williams Chase** oder **Adnams First Rate** – beides britische Gins mit Vanille- und Birnenaromen.

GERÄUCHERTE FORELLE
MIT GIN-MEERRETTICH-MOUSSE

6 — 30 MIN. — 3 STD.

2 Blatt weiße Gelatine
175 g Sahne
2–3 cm frischer Meerrettich
3 El Gin
2 El Zitronensaft
Salz
Pfeffer
3–4 geräucherte Forellenfilets (insgesamt 250 g)
2 Bund Schnittlauch
3 El kleine Kapern
1 El Sonnenblumenöl
2 Tl Honigsenf

Die Gelatine in kaltem Wasser einweichen. Die Sahne steif schlagen. Den Meerrettich schälen, fein reiben und unter die Sahne rühren.

Gin und 1 Esslöffel des Zitronensafts in einem kleinen Topf erwärmen, nicht aufkochen. Die Gelatine ausdrücken und darin auflösen. Den Topf vom Herd ziehen und 1 Esslöffel der geschlagenen Sahne unterrühren. Diese Mischung unter die restliche Sahne heben und alles mit Salz und Pfeffer abschmecken. Bis zur weiteren Verwendung kalt stellen.

Die Forellenfilets zerpflücken und in eine Schüssel geben. Schnittlauch waschen, trocken tupfen und in feine Röllchen schneiden. Mit dem restlichen Zitronensaft zu den Forellenfilets geben. Die Kapern in ein Sieb geben, abspülen, abtropfen lassen und mit dem Sonnenblumenöl und dem Honigsenf verrühren. Dann ebenfalls zu den Forellenfilets geben. Alles sorgfältig mischen und mit Salz und Pfeffer abschmecken.

Sobald die Gin-Meerrettich-Mousse etwas fester in der Konsistenz ist, die Forellenfiletmischung und die Mousse schichtweise auf Gläser verteilen. Diese verschließen und bis zum Servieren mindestens 2 Stunden kalt stellen. Am besten mit herzhaftem Schwarzbrot servieren.

GEMÜSE-NUSS-EMPANADAS
MIT GIN-GRANATAPFEL-TSATSIKI

TEIG
275 g Weizenmehl (Type 550)
100 g Cashewmus
1 Prise Salz
1 El Essig

FÜLLUNG
300 g Erbsen (TK)
1 Bund Bohnenkraut
Salz
5 Stängel Minze
1 rote Chilischote
1 Knoblauchzehe
2 El Olivenöl
3 El Gin
2 El Zitronensaft
Pfeffer

TSATSIKI
½ Salatgurke
3 Frühlingszwiebeln
½ Granatapfel
300 g griechischer Joghurt (10 % Fett)
200 g Schmand
45 ml Gin
1 El Zitronensaft
Salz
Pfeffer

AUSSERDEM
1 Ei zum Bepinseln
Mehl für die Arbeitsfläche

Für die Empanadas Mehl, Cashewmus, Salz und Essig in eine Schüssel geben. Kaltes Wasser (etwa 100 ml) hinzugeben, bis der Teig gut formbar ist und glänzt. Zu einer Kugel formen und abgedeckt bis zur weiteren Verwendung ruhen lassen.

Für die Füllung die Erbsen mit dem Bohnenkraut in etwas Salzwasser ca. 8 Minuten garen. Abgießen und das Bohnenkraut entfernen. Die Hälfte der Erbsen in ein hohes Gefäß geben. Minze waschen, trocken tupfen und die Blättchen abzupfen. Chilischote längs halbieren, putzen, waschen und hacken. Knoblauch schälen und hacken. Minze, Chili und Knoblauch mit Olivenöl, Gin und Zitronensaft zu den Erbsen in das hohe Gefäß geben. Cremig mixen und mit Salz und Pfeffer pikant abschmecken. Die restlichen Erbsen unterrühren.

Den Ofen auf 180 °C vorheizen. Den Teig auf einer bemehlten Arbeitsfläche portionsweise dünn ausrollen und Kreise mit einem Durchmesser von 11 cm ausstechen. Jeweils etwas Füllung in die Mitte der Kreise geben, dann umklappen, sodass Halbkreise entstehen. Den Rand mit einer Gabel sorgfältig festdrücken. Auf einem mit Backpapier ausgelegten Backblech verteilen, mit verquirltem Ei bestreichen und etwa 20 Minuten goldbraun backen.

Für das Tsatsiki die Gurke putzen, schälen, längs halbieren und die Kerne mit einem Löffel herausschaben. Die Gurke raspeln. Frühlingszwiebeln waschen, putzen und das Weiße und Hellgrüne in feine Ringe schneiden. Die Granatapfelkerne aus der Schale drücken, die weiße Trennhäute komplett entfernen. Gurke und Frühlingszwiebeln mit Joghurt, Schmand, Gin und Zitronensaft in einer Schüssel verrühren und mit Salz und Pfeffer abschmecken.

Das Tsatsiki auf Teller verteilen, mit den Granatapfelkernen bestreuen und die Empanadas dazulegen.

GIN TIPP

Probiere bei diesem Gericht einen Gin mit eleganten Kräuteraromen wie den **The Botanist.** Er schafft es, den Bogen vom Tsatsiki bis zu den Kräutern der Empanadas zu spannen.

GIN-MELONEN-GRANITA
MIT MINZE

6   30 MIN.   7 STD.

1 kg Wassermelonenfruchtfleisch (ca. ½ Wassermelone)
75 ml Holunderblütensirup
2 unbehandelte Limetten
1 Zweig Minze
75 ml Gin
1 gute Prise Salz

AUSSERDEM
Melonenschnitze zum Garnieren

Die Kerne aus dem Fruchtfleisch der Wassermelonen entfernen. Das Fruchtfleisch in ein hohes Gefäß geben, den Holunderblütensirup dazugießen.

Die Limetten heiß waschen, trocknen und die Schale von 1 Frucht dünn abreiben. Beide Früchte auspressen. Den Saft und die Schale zur Melone geben. Minze waschen, trocken tupfen, die Blättchen von den Stängeln zupfen und zusammen mit Gin und Salz ebenfalls zur Melone geben.

Die Mischung mit dem Pürierstab gut mixen. In ein flaches, verschließbares Gefäß geben und mindestens 6 Stunden gefrieren lassen. Dabei in den ersten 4 Stunden ungefähr alle 40 Minuten mit einer Gabel durchrühren und auflockern.

Zum Servieren die Granita in Gläser füllen. Mit kleinen Melonenschnitzen garniert sofort servieren.

GIN TIPP

Zur frischen Süße der Wassermelone und der blumigen Note des Holunderblütensirups passt der **Hendrick's** mit Gurkenaromen und der floralen Note super. So sorgt er für noch mehr leichte Frische.

Draußen schmeckt alles besser

BLÄTTERTEIGSTANGEN
MIT GIN-PESTO-ROSSO

18 — 20 MIN. — 30 MIN.

1 Packung Blätterteig (TK, 450 g, entspricht 6 Platten)
75 g Haselnüsse
1 Glas getrocknete Tomaten in Öl (Abtropfgewicht 110 g)
2 Knoblauchzehen
50 g Parmesan
2 getrocknete rote Chilischoten
60 ml Gin
2 El fruchtiges Olivenöl
Salz
Pfeffer
1 Tl abgeriebene Zitroneschale

AUSSERDEM
1 Eigelb und 1 El Milch zum Bestreichen
Meersalz oder Sesamsamen zum Bestreuen

Die Blätterteigplatten auftauen lassen. Die Haselnüsse in einer Pfanne ohne Fett goldgelb rösten, dann beiseitestellen. Die getrockneten Tomaten in ein Sieb abgießen, abtropfen lassen und grob hacken. Knoblauch schälen und ebenfalls grob hacken, den Parmesan reiben.

Haselnüsse, getrocknete Tomaten, Knoblauch, Parmesan, Chilischoten, Gin und Olivenöl in ein hohes Gefäß geben. Alles cremig mixen, mit Salz, Pfeffer und der Zitronenschale abschmecken.

Den Backofen auf 220 °C vorheizen. Die Blätterteigplatten leicht längs ausrollen, sodass sie noch etwas länger werden. Jede Platte längs in 3 Streifen schneiden. Diese mit dem Pesto Rosso bestreichen, dann um die eigene Achse drehen und vorsichtig auf ein mit Backpapier ausgelegtes Backblech legen. Alternativ können aus den Streifen auch kleine Schnecken gerollt werden.

Eigelb mit Milch zum Bestreichen verquirlen, die Stangen damit bestreichen, dann mit Meersalz oder Sesam bestreuen und etwa 12 Minuten goldgelb backen. Herausholen, abkühlen lassen und erst dann vom Blech lösen.

GIN TIPP

Das Pesto macht sich gut mit einem wacholderbetonten Gin wie dem **Tanqueray London Dry, Krater Noster** oder auch **Gordon's**.

GIN-GARNELEN-SPIESSE
MIT GRAPEFRUIT-SALAT

4   40 MIN.   3 STD.

GARNELEN
600 g küchenfertige Riesengarnelen
1 rote Chilischote
½ Bund Koriander
50 ml frisch gepresster Orangensaft
50 ml frisch gepresster Zitronensaft
60 ml Gin
2 El Olivenöl
Salz

SALAT
1 Fenchelknolle
1 rote Zwiebel
1 Grapefruit
1 Orange
1 Avocado
70 ml frisch gepresster Orangensaft
25 ml frisch gepresster Zitronensaft
70 ml Olivenöl
Salz
Pfeffer

AUSSERDEM
8 Stängel Zitronengras
Salz zum Bestreuen
Sesamöl zum Bepinseln

Die Garnelen am hinteren Rücken einschneiden und entdarmen, kalt abspülen und trocken tupfen. Die Chilischote waschen, gegebenenfalls entkernen und in Ringe schneiden. Koriander waschen, trocken schleudern und die Blättchen von den Stängeln zupfen. Chili und Koriander mit Orangensaft, Zitronensaft, Gin und Olivenöl verrühren. Mit den Garnelen in einen Gefrierbeutel geben, die Luft herausdrücken, verschließen und im Kühlschrank 2 Stunden marinieren.

Für den Salat die Fenchelknolle waschen, putzen und fein hobeln. Zwiebel schälen und in ganz feine Ringe schneiden. Grapefruit und Orange filetieren. Die Avocado halbieren, den Stein entfernen und das Fruchtfleisch in Spalten schneiden. Den Salat auf Tellern anrichten. Für das Dressing Orangen- und Zitronensaft sowie Olivenöl verrühren und mit Salz und Pfeffer pikant abschmecken. Über den Salat träufeln.

Die Garnelen aus der Marinade nehmen und trocken tupfen. Jeweils rund 5 Garnelen auf einen Stängel Zitronengras stecken. Die Garnelen mit Salz bestreuen und mit Sesamöl bepinseln, dann auf dem Grill von jeder Seite bei direkter Hitze 90 Sekunden grillen. Auf dem Salat anrichten und sofort servieren.

GIN TIPP

Der **Roku** ist ein japanischer Gin, dessen Ingwer- und Teearomen die Zitrusfrüchte und den Koriander hervorragend ergänzen.

MARINIERTES FLANKSTEAK
VOM GRILL MIT ANANAS-GIN-SALSA

6 | 30 MIN. | 7 STD.

STEAK
1 Flanksteak (ca. 800 g)
100 ml Teriyaki-Sauce
80 ml Olivenöl
50 ml Gin
Saft von ½ Limette
1 Tl Palmzucker
Fleur de Sel
Pfeffer

ANANAS-GIN-SALSA
½ Ananas
1 Gurke
2 rote Chilischoten
3 Stängel Minze
1 El Gin
1 El Zitronensaft
Salz
Pfeffer

Das Steak in eine ausreichend große, flache Schale legen. Teriyaki-Sauce mit Olivenöl, Gin, Limettensaft und Palmzucker verrühren. Über das Steak gießen und gut von allen Seiten einmassieren. Abgedeckt im Kühlschrank mindestens 6 Stunden marinieren. Mindestens 30 Minuten vor dem Grillen aus dem Kühlschrank holen.

Für die Salsa die Ananas in Scheiben schneiden. Schale und harten Strunk entfernen, das Fruchtfleisch klein würfeln. Die Gurke waschen, putzen, längs halbieren und die Kerne mit einem Löffel herausschaben. Das Fruchtfleisch ebenfalls fein würfeln. Chilischoten längs halbieren, putzen, waschen und sehr fein würfeln. Die Minze waschen, trocken schleudern, die Blättchen von den Stängeln zupfen und in Streifen schneiden. Alles zusammen mit Gin und Zitronensaft mischen und mit etwas Salz und Pfeffer würzen.

Das Steak aus der Marinade nehmen und trocken tupfen. Auf dem vorbereiteten Grill von beiden Seiten zuerst jeweils 2–3 Minuten bei rund 300 °C über direkter Hitze scharf anbraten, dann bei rund 110 °C im indirekten Bereich gar ziehen lassen, bis die Kerntemperatur am dicken Ende etwa 55 °C beträgt. Vom Grill nehmen, kurz ruhen lassen und quer zu den Fasern in Tranchen schneiden. Die Salsa nochmals mit Salz und Pfeffer abschmecken, dann das Steak mit Fleur de Sel und Pfeffer bestreuen und mit der Salsa servieren.

GIN TIPP

Aus London kommt der **Beefeater.** Er heißt nicht umsonst so, passt er doch toll zum Fleisch und mit seiner würzigen, leichten Süße auch zur Ananas-Salsa.

TIPP

Das Flanksteak hat sehr lange Fasern und muss zum Servieren unbedingt quer zu den Fasern aufgeschnitten werden.

Draußen schmeckt alles besser

BASIL-GIN-SORBET

4   25 MIN.   7 STD.

150 g Zucker
5 unbehandelte Limetten
8 Stängel Basilikum
50 ml Gin
1 Eiweiß (Gr. L)
1 Prise Salz

AUSSERDEM
Basilikum zum Garnieren

100 g Zucker und 150 ml Wasser in einem Topf verrühren und aufkochen. Wenn sich der Zucker aufgelöst hat, den Topf vom Herd nehmen und den Sirup abkühlen lassen.

Die Limetten heiß waschen, trocknen und von 1 Frucht die Schale dünn abreiben. Alle Früchte auspressen. Basilikum waschen, trocken tupfen und die Blättchen von den Stängeln zupfen.

Zuckersirup, Limettensaft, Basilikum und Gin im Mixer ganz fein pürieren. In eine flache Form füllen, diese verschließen und die Mischung 90 Minuten anfrieren lassen.

Das Eiweiß mit dem Salz steif schlagen. Den restlichen Zucker hinzugeben und so lange weiterschlagen, bis sich die Zuckerkristalle aufgelöst haben. Den Eischnee vorsichtig unter die vorgekühlte Masse ziehen. Wieder ins Tiefkühlfach stellen und mindestens 6 Stunden gefrieren lassen. Das Sorbet während der ersten 4 Stunden alle 40 Minuten mit einer Gabel möglichst fein durchrühren.

Zum Servieren aus dem Sorbet mit einem Eisportionierer Kugeln formen und in Gläsern anrichten. Mit ein paar Basilikumblättchen garnieren und sofort servieren.

GIN TIPP

Der **Gin Mare** mit seinen Kräuteraromen unterstützt die Basilikumnote im Sorbet.

TOM COLLINS

1 GLAS   6 MIN.

4–6 ZERSTOSSENE EISWÜRFEL in einen Shaker geben. **6 CL GIN, 4 CL ZITRONENSAFT, 1 CL ZUCKERSIRUP** darübergießen und kräftig schütteln – die Mischung soll gut gekühlt sein. In ein gekühltes Glas abseihen, mit **SODA** auffüllen und mit **1 ZITRONENSCHEIBE** garnieren. Sofort servieren.

GIN TIPP

Überraschend und super: der **Albfink Aged Gin.** Im Whisky-Fass gelagert, geht er im Tom Collins nicht unter, sondern sorgt für das aromatische i-Tüpfelchen.

GIN FIZZ

1 GLAS   4 MIN.

6 CL GIN, 3 CL ZITRONENSAFT, 1 CL ZUCKERSIRUP in einen Shaker geben, schütteln und auf **EISWÜRFEL** abseihen. Mit **SODA** auffüllen und einmal umrühren.

GIN TIPP

Mit einem typischen Wacholder-Gin wie dem **Tanqueray London Dry Gin** – fantastisch! Ungewöhnlich, aber richtig gut: Probiert dazu auch mal einen **Monkey 47.**

Draußen schmeckt alles besser

MENÜ

GEFLÜGELLEBER-TERRINE
REH-RAGOUT MIT KRÄUTERSPÄTZLE
BROMBEER-GIN-MOUSSE

THUNFISCH-AVOCADO-TATAR
GIN-RISOTTO
ROSMARIN-GIN-LAMMSTELZEN
FLYING BEAUTY
GIN-TRÜFFEL

GIN-GARNELEN MIT LINGUINE
KRÄUTER-GNOCCHI MIT GIN-PAPRIKA-CREME
PAVLOVA MIT GIN-SAHNE

GURKEN-WASABI-CAPPUCCINO
WOLFSBARSCH MIT GIN-CHORIZO-SCHAUM
GIN CATALANA

NEGRONI
SINGAPORE SLING
COFFEE GIN TONIC
COLD BREW COFFEE

GEFLÜGELLEBER-TERRINE
MIT GIN PARFÜMIERT

TERRINE
200 g Entenbrust ohne Fett
1 Tl abgeriebene Orangenschale
4 Wacholderbeeren
1 Tl Korianderkörner
2 Zweige Thymian
50 ml Gin
10 dünne Scheiben grüner (fetter) Speck (ca. 200 g)
300 g eiskalte Geflügelleber
200 ml eiskalte Sahne
2 Eier
Salz
Pfeffer
30 g Pistazien
40 g Trockenpflaumen

SALAT
200 g Feldsalat
1 El mittelscharfer Senf
4 El Balsamico
8 El Traubenkernöl
1 Prise Zucker

AUSSERDEM
100 g Preiselbeeren aus dem Glas
1 El Gin
Küchenthermometer

Die Entenbrust fein würfeln und in einem Gefrierbeutel mit Orangenschale, angedrückten Wacholderbeeren sowie Korianderkörnern, Thymian und Gin etwa 1 Stunde im Kühlschrank marinieren.

Den Backofen auf 160 °C vorheizen. Eine große ofenfeste Form mit Wasser füllen, sodass die Terrine später zwei Finger tief im Wasserbad platziert werden kann. Das Wasserbad ebenfalls schon im Backofen erhitzen.

Eine Terrinenform mit dem grünen Speck überlappend auslegen. Die Geflügelleber klein würfeln und mit Sahne und Eiern im Mixer pürieren. Mit Salz und Pfeffer würzen. Die Pistazien grob hacken, die Trockenpflaumen würfeln und beides unter die Leberfarce rühren.

Die marinierten Entenbrustwürfel aus dem Beutel nehmen, die Gewürze abstreifen und das Fleisch trocken tupfen. Ebenfalls unter die Farce rühren, dann alles in die ausgelegte Form füllen und den Speck darüberschlagen. Die Form verschließen und ins Wasserbad setzen. Im Ofen etwa 1 Stunde bis zu einer Kerntemperatur von 75–80 °C garen (die Temperatur mit einem Küchenthermometer kontrollieren).

Die Terrine aus dem Ofen holen, in der Form abkühlen lassen und mindestens 12 Stunden kalt stellen.

Zum Servieren den Feldsalat putzen, gründlich waschen und trocken schleudern. Aus Senf, Essig, Traubenkernöl, Salz, Pfeffer und Zucker ein Dressing zubereiten. Mit dem Salat vermengen. Die Geflügelleberterrine in dünne Scheiben schneiden und mit dem Salat anrichten. Preiselbeeren mit Gin verrühren und auf jeden Teller einen Klecks geben.

GIN TIPP

Ferdinand's Saar Dry Gin hat eine fruchtige Note, die auch von infundiertem Wein herrührt. Die Ente liebt ihn.

GIN TIPP

Der **Monkey 47** aus dem Schwarzwald mit seinem starken Kräuter-Bouquet oder **Foerster's Heide** aus dem Nordosten Deutschlands mit seinen Tannenaromen unterstützen den Geschmack des Rehs – quasi ein Waldspaziergang.

REH-RAGOUT
MIT GIN-FLAVOUR UND KRÄUTERSPÄTZLE

4 | 50 MIN. | 6 STD.

REH-RAGOUT

1 kg Rehfleisch aus der Keule
4 Zwiebeln
2 Möhren
¼ Knollensellerie
1 Stange Lauch
2 Zweige Rosmarin
10 Pfefferkörner
8 Wacholderbeeren
5 Pimentkörner
1 Gewürznelke
½ Tl Zimtpulver
100 ml Gin
200 ml Rotwein
450 ml Wildfond
50 g Butterschmalz
1 El Weizenmehl
Salz
Schalenspirale von
  1 unbehandelten Orange
2 El Schwarzes Johannisbeergelee

KRÄUTERSPÄTZLE

100 g gemischte Kräuter
  (z. B. Basilikum, Petersilie, Kerbel, Estragon)
375 g Weizenmehl (Type 550)
  oder Spätzlemehl
5 Eier (Gr. L)
Salz, Pfeffer, Muskatnuss

Das Rehfleisch von Häuten und Sehnen befreien und in 3–4 cm große Würfel schneiden. Zwiebeln, Möhren und Knollensellerie schälen und klein würfeln. Lauch waschen, putzen und in grobe Stücke schneiden. Rosmarin waschen, trocken tupfen, die Nadeln von den Zweigen streifen und hacken. Die Gewürze im Mörser fein zerstoßen und mit dem Zimt mischen.

Das Fleisch mit den Gewürzen einreiben und mit dem Gemüse in eine Schüssel geben. Mit Gin, Rotwein und Wildfond übergießen. Etwa 3 Stunden im Kühlschrank marinieren lassen. Dann das Fleisch herausnehmen und trocken tupfen. Die Marinade durch ein Sieb passieren, sodass Flüssigkeit und Gemüsewürfel getrennt sind.

Das Butterschmalz in einem Bräter zerlassen und das Fleisch portionsweise darin kräftig anbraten. Das Gemüse hinzugeben, 5 Minuten anbraten, dann mit Mehl bestäuben. Die Marinade hinzugießen, salzen, aufkochen lassen und bei milder Hitze etwa 2 Stunden garen lassen. 30 Minuten vor Ende der Garzeit die Orangenschale und das Johannisbeergelee unterrühren. Mit Salz, Pfeffer und nach Belieben etwas Gin abschmecken.

Während das Fleisch gart, die Kräuterspätzle zubereiten. Dafür die Kräuter waschen und trocken schleudern. Die Blättchen abzupfen und mit 50 ml Wasser pürieren. Das Mehl in eine Schüssel geben, Eier und Kräuterpüree hinzugeben. Kräftig verquirlen, bis der Teig Blasen schlägt. Salz, Pfeffer und etwas Muskatnuss hinzugeben.

In einem großen Topf ausreichend leicht gesalzenes Wasser aufkochen. Den Spätzleteig portionsweise durch die Spätzlepresse ins siedende Wasser drücken. Sobald die Spätzle an der Oberfläche schwimmen, 2 Minuten garen, dann mit der Schaumkelle herausnehmen und in einem Sieb abtropfen lassen. Das Rehragout mit den Kräuterspätzle servieren.

BROMBEER-GIN-MOUSSE
FRISCHE BEEREN UND DUNKLE SCHOKOLADE

4 | 30 MIN. | 3 STD.

3 Blatt weiße Gelatine
500 g Brombeeren
1 Zweig Thymian
1 unbehandelte Orange
100 g Zucker
1 Prise Salz
75 ml Gin
250 g Sahne

AUSSERDEM
frische Brombeeren, Thymian und dunkle Schokoraspeln zum Garnieren

Die Gelatine in kaltem Wasser einweichen. Die Brombeeren waschen und trocken tupfen. Thymian waschen, trocken tupfen und die Blättchen von den Zweigen zupfen. Die Orange heiß waschen, ½ Teelöffel Schale ganz dünn abreiben, die Frucht auspressen.

Brombeeren, Orangensaft und Thymianblättchen pürieren. 10 Minuten ruhen lassen, dann durch ein Sieb streichen. Zucker, Salz und Orangenschale unterrühren.

Die Gelatineblätter ausdrücken und mit dem Gin in einen kleinen Topf geben. Unter Rühren erwärmen, aber nicht kochen. So lange rühren, bis sich die Gelatine aufgelöst hat. Den Topf vom Herd nehmen und 1 Esslöffel Brombeerpüree einrühren, dann diese Mischung unter das restliche Brombeerpüree ziehen. Etwa 20 Minuten kalt stellen, bis die Masse anfängt zu gelieren.

Die Sahne steif schlagen und unterheben. Die Mousse in Gläser füllen und abgedeckt bis zum Servieren mindestens 2 Stunden kalt stellen. Mit frischen Brombeeren, Thymian und dunklen Schokoraspeln garnieren.

GIN TIPP

Brockmans ist ein mit Brom- und Heidelbeeren infundierter sehr weicher Gin aus England. Er ist also der Gin der Wahl bei diesem beerigen Nachtisch. **Silent Pool** kommt auch aus England und passt mit seiner floralen Note ebenfalls sehr gut.

THUNFISCH-AVOCADO-TATAR
MIT GIN-WASABI-CREME

CREME
1 Tl Korianderkörner
1 El Wasabipaste
1 El Gin
2 Tl Zitronensaft
200 g Crème fraîche
Salz, Pfeffer, Zucker

THUNFISCH-TATAR
300 g Thunfisch (Sushi-Qualität)
2 Bund Schnittlauch
1 El Limettensaft
2 El fruchtiges Olivenöl
Salz, Pfeffer

AVOCADO-MANGO-TATAR
½ Mango (noch fest)
8 Blätter Rucola
2 Frühlingszwiebeln
1 Avocado
1 El Limettensaft
1 El Olivenöl
2 Msp. abgeriebene Limettenschale
Salz, Pfeffer

AUSSERDEM
6 Servierringe (8 cm Ø)
Rucola zum Servieren

Für die Creme den Koriander im Mörser fein zerstoßen. Mit Wasabipaste, Gin und Zitronensaft in einer Schale verrühren. Die Crème fraîche zugeben und unterrühren. Bis zum Servieren kalt stellen.

Den Thunfisch in kleine Würfel schneiden und in eine Schüssel geben. Den Schnittlauch waschen, trocken tupfen und fein schneiden. Mit Limettensaft, Olivenöl, etwas Salz und Pfeffer zum Thunfisch geben und verrühren.

Mango schälen, das Fruchtfleisch vom Stein schneiden und klein würfeln. In eine zweite Schüssel geben. Rucola waschen, putzen, trocken tupfen und hacken. Frühlingszwiebeln waschen, putzen und das Weiße und Hellgrüne in ganz feine Ringe schneiden. Die Avocado halbieren, den Stein entfernen, das Fruchtfleisch aus der Schale lösen und fein würfeln. Alles zur Mango geben. Limettensaft, Olivenöl und den Limettenabrieb hinzugeben. Alles vermengen und mit Salz und Pfeffer würzen.

Die Gin-Wasabi-Creme mit Salz, Pfeffer und Zucker abschmecken. Nach Belieben noch eine Spritzer Zitronensaft oder Gin unterrühren. Die Servierringe auf Vorspeiseteller platzieren und das Avocado-Mango-Tatar einfüllen. Leicht festdrücken. Darauf das Thunfisch-Tatar geben. Ebenfalls leicht festdrücken. Bis zum Servieren etwa 1 Stunde kalt stellen. Dann die Servierringe vorsichtig entfernen, etwas Gin-Wasabi-Creme aufklecksen und mit Rucola garniert servieren.

GIN TIPP

Die Zitrusaromen vom **Adler** aus Berlin bilden einen feinen Kontrast zur sämigen Sahne.

GIN-RISOTTO
MIT GEBRATENEN STEINPILZEN

4 — 40 MIN.

750 ml Gemüsefond
2 Schalotten
400 g Steinpilze
1 Knoblauchzehe
50 g Butter
3 El Olivenöl
250 g Risotto-Reis (z. B. Arborio)
50 ml Gin
1 Tl abgeriebene Zitronenschale
2 El Zitronensaft
5 Zweige Thymian
50 g Parmesan

Den Gemüsefond in einem Topf erhitzen. Die Schalotten schälen und fein hacken. Die Steinpilze putzen und würfeln. Die Knoblauchzehe schälen und halbieren.

Die Hälfte der Butter mit 1 Esslöffel Olivenöl in einem zweiten Topf zerlassen. Schalotten darin glasig dünsten. Dann den Reis zugeben. So lange mitdünsten, bis die Reiskörner glasig sind. Eine Schöpfkelle Fond sowie die Hälfte der Steinpilzwürfel hinzugeben und so lange rühren, bis der Reis die Brühe aufgenommen hat. So fortfahren, bis der Reis bissfest ist und die Mischung cremig. Das dauert etwa 20 Minuten.

5 Minuten vor Ende der Garzeit Gin, Zitronenschale und -saft hinzugeben. Thymian waschen, trocken tupfen und von den Zweigen zupfen. Die Hälfte der Blättchen ebenfalls zum Risotto geben. Wenn der Reis bissfest ist, den Topf von der Herdplatte ziehen. Den Parmesan reiben und mit der restlichen Butter unterrühren. Den Deckel auflegen und bis zum Servieren ziehen lassen.

Das restliche Olivenöl in einer Pfanne erhitzen und die restlichen Steinpilzwürfel mit der halbierten Knoblauchzehe hinzugeben. Pilze goldbraun braten, salzen, pfeffern und mit den restlichen Thymianblättchen würzen.

Risotto nochmals abschmecken. Falls es zu dick geworden ist, mit etwas heißem Fond cremig rühren. Auf Teller verteilen und die Steinpilzwürfel darauf arrangieren.

GIN TIPP

Boar, ein Gin aus dem Schwarzwald, passt mit seinen erdig-holzigen Aromen und einem Hauch Trüffel unglaublich gut zu den Steinpilzen.

ROSMARIN-GIN-LAMMSTELZEN

4 — 40 MIN. — 3 STD.

3 Stangen Staudensellerie
2 Möhren
¼ Knollensellerie
2 Zwiebeln
3 Knoblauchzehen
3 Zweige Rosmarin
4 Lammstelzen (à ca. 375 g)
Salz
Pfeffer
3 El Olivenöl
2 El Tomatenmark
100 ml Gin
640 g gehäutete Tomaten aus der Dose
500 ml Lammfond
2 Tl Wacholderbeeren
2 Tl Fenchelsamen
1 Msp. Zimtpulver
100 g schwarze Oliven

AUSSERDEM
Rosmarin zum Garnieren

Den Backofen auf 150 °C vorheizen. Staudensellerie waschen, putzen und fein würfeln. Möhren und Knollensellerie waschen, putzen, schälen und ebenfalls fein würfeln. Zwiebeln und Knoblauchzehen schälen und fein würfeln. Rosmarin waschen, trocken tupfen, die Nadeln von den Zweigen streifen und fein hacken.

Die Lammstelzen mit Salz und Pfeffer würzen. Das Öl in einem Bräter erhitzen und die Lammstelzen darin rundherum kräftig anbraten. Das Gemüse hinzugeben und etwa 5 weitere Minuten anbraten, dann das Tomatenmark einrühren und kräftig anbraten.

Gin, Tomaten und Lammfond hinzugeben. Wacholder und Fenchel im Mörser fein zerstoßen. Zusammen mit Zimt, Rosmarin und Oliven in den Bräter geben. Alles einmal aufkochen lassen, dann mit dem Deckel verschließen und im Ofen etwa 2 Stunden garen, bis das Fleisch ganz zart ist.

Den Bräter aus dem Ofen nehmen, die Lammstelzen warm halten und den Schmorsud nochmals mit Salz, Pfeffer und nach Belieben einem Schuss Gin abschmecken. Dann mit den Lammstelzen und den Rosmarinzweigen garniert servieren.

Der **Gin Mare** mit seinen mediterranen Kräuteraromen passt perfekt zum mit Rosmarin aromatisierten Lamm.

Zu diesem Gericht schmeckt Risotto oder einfach nur knuspriges Ciabatta.

Zauberhaftes Dinner

FLYING BEAUTY

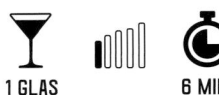

1 GLAS — 6 MIN.

2 CL GIN, **2 CL COINTREAU** und **2 CL ZITRONENSAFT** mit **4 EISWÜRFELN** in einen Shaker geben und schütteln. In ein gekühltes Glas abseihen, mit **8 CL CHAMPAGNER** auffüllen.

GIN TIPP

Klassisch, klar, elegant, wie der klassische **Tanqueray London Dry Gin**, der auch noch Raum lässt, damit sich Cointreau und Champagner entfalten können. Zur herben Note ist aber auch der **Nikka Coffey Gin** aus Japan extrem edel und perfekt.

GIN-TRÜFFEL

20 — 30 MIN. — 3 STD.

100 g Zartbitterschokolade
50 g Vollmilchschokolade
75 g Sahne
10 g weiche Butter
1 Prise Salz
20 ml Gin
50 g gehackte Pistazien

Beide Schokoladensorten hacken. Die Sahne erhitzen, über die Schokolade geben und gut vermengen, sodass die Schokolade schmilzt.

Die Butter mit dem Salz in die Schokomischung rühren, dann den Gin. Die Masse abkühlen lassen und schließlich abgedeckt mindestens 2 Stunden kalt stellen.

Mit einem Teelöffel aus der Masse Nocken abstechen und daraus mit möglichst kühlen Händen Kugeln rollen. Diese in den gehackten Pistazien wälzen und bis zum Servieren abgedeckt kühl stellen.

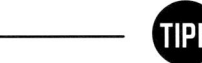

Du liebst weiße Schokolade? Dann nimm bei 150 g weißer Schokolade nur 40 g Sahne. Statt der Butter kannst du Kokosöl verwenden, statt der Pistazien Kokosraspeln.

GIN-GARNELEN
MIT LINGUINE UND LIMETTENZESTEN

6 | 40 MIN.

500 g Riesengarnelen
600 g Roma-Tomaten
1 unbehandelte Limette
2 Schalotten
2 Knoblauchzehen
1 Zweig Rosmarin
6 Stängel Estragon
1 El Butter
2 El Olivenöl
Salz
Pfeffer
100 ml Gin
125 ml Fischfond
150 g Crème fraîche
800 g frische Linguine

AUSSERDEM
abgeriebene Schale von 1 unbehandelten Limette
Parmesan nach Belieben

Bei den Riesengarnelen Kopf und Panzer entfernen. Lediglich das Schwanzstück an den Garnelen belassen. Dann am hinteren Rücken einschneiden und entdarmen. Unter kaltem Wasser abspülen und trocken tupfen.

Die Tomaten waschen, die Stielansätze entfernen und die Früchte kreuzweise einschneiden. Etwa 1 Minute in kochendes Wasser legen, dann abgießen, häuten, entkernen und würfeln.

Limette heiß waschen, trocknen, die Schale fein abreiben, anschließend auspressen. Schalotten schälen und fein hacken. Knoblauch schälen und in feine Stifte schneiden. Die Kräuter waschen, trocken tupfen und von den Zweigen streifen bzw. zupfen. Rosmarinnadeln hacken.

Butter mit Olivenöl in einer Pfanne erhitzen. Die Garnelen salzen, pfeffern und mit Knoblauch, Rosmarin und Limettenschale in der Pfanne etwa 3 Minuten bei mittlerer Hitze braten. Dann herausnehmen und beiseitestellen. Schalotten ins verbliebene Bratfett geben und unter Rühren glasig dünsten. Gin und Fischfond hinzugießen, aufkochen und 5 Minuten offen kochen lassen. Tomatenstücke, Limettensaft, Crème fraîche, Estragonblätter und Garnelen hinzugeben. Alles erhitzen.

Währenddessen die Linguine in ausreichend kochendem und leicht gesalzenem Wasser etwa 3 Minuten garen, dann abgießen und abtropfen lassen. Die Sauce nochmals mit Salz, Pfeffer und gegebenenfalls Zucker abschmecken, dann mit der Pasta vermengen. Auf Teller verteilen, mit Limettenschale bestreuen und nach Belieben Parmesan dazu reichen.

GIN TIPP

Die Zitrusaromen vom **Adler** aus Berlin unterstützen die Limette, aber auch **The Botanist** oder der **Gin Mare** passen perfekt und liefern noch mehr Kräuteraromatik.

GIN TIPP

Zur gegrillten Paprika passt **Krater Noster** oder **Tanqueray London Dry** besonders gut – beides Gins mit typischem Wacholderaroma. Alternativ passt auch **The Botanist** mit seinem eleganten Kräuteraroma.

KNUSPRIGE KRÄUTER-GNOCCHI
MIT GIN-PAPRIKA-CREME

4 | 40 MIN. | 2 STD.

GNOCCHI
1 kg mehligkochende Kartoffeln
Salz
250 g Weizenmehl (Type 550)
1 Ei
50 g gemischte, frisch gehackte Kräuter (z. B. Kerbel, Basilikum, Petersilie)
Pfeffer
Muskatnuss
2 El Butter

GIN-PAPRIKASCHAUM
5 rote Paprika
50 ml Gin
100 ml Gemüsefond
Salz
Pfeffer
Zucker
1 getrocknete rote Chilischote
250 g Sahne

AUSSERDEM
Mehl zum Bestäuben
Butter zum Einfetten
125 g Parmesan zum Bestreuen
Kräuterblättchen zum Garnieren
Wildkräutersalat zum Servieren

Die Kartoffeln gründlich waschen und in einem Topf mit kaltem, leicht gesalzenem Wasser bedecken. Aufkochen und je nach Größe etwa 20 Minuten gar kochen. Noch heiß pellen und fein zerstampfen, dann vollständig auskühlen lassen. Mehl, Ei und Kräuter hinzugeben und gut verkneten. Die Masse mit Salz, Pfeffer und frisch geriebener Muskatnuss würzen, dann zu etwa 2 cm dicken Strängen rollen und daraus etwa 3 cm lange Gnocchi abschneiden. Auf ein bemehltes Brett geben und mit einem Küchenhandtuch abgedeckt etwa 30 Minuten ruhen lassen.

In der Zwischenzeit den Backofen auf 200 °C vorheizen. Für den Paprikaschaum die Paprikaschoten halbieren, putzen und waschen. Mit der Haut nach oben auf ein Backblech legen und etwa 20 Minuten backen, bis die Haut schwarze Stellen bekommt und Blasen wirft. Herausholen, in eine Form geben, mit einem Deckel verschließen und abkühlen lassen. Anschließend häuten.

Das Paprikafleisch mit Gin und Gemüsefond pürieren. Mit Salz, Pfeffer, Zucker und der zerkleinerten Chilischote pikant würzen. Die Sahne steif schlagen und unterheben.

In einem großen Topf ausreichend leicht gesalzenes Wasser aufkochen und die Gnocchi portionsweise hineingeben. Sobald sie an die Oberfläche steigen, mit einer Schaumkelle herausheben und auf einem Kuchengitter abtropfen lassen.

Die Butter in einer Pfanne erhitzen und die Gnocchi darin etwa 5 Minuten anbraten. Dann herausnehmen.

Den Backofen auf 225 °C vorheizen. 4 ofenfeste Portionsformen mit Butter einfetten. Den Paprikaschaum hineingeben und die Gnocchi darin verteilen. Den Parmesan reiben und auf die Gnocchi streuen. Etwa 15 Minuten im Ofen goldbraun überbacken. Sofort servieren und zum Beispiel einen aromatischen Salat aus Wildkräutern dazu reichen.

PAVLOVA
MIT GIN-SAHNE UND MARINIERTEN BEEREN

4 Eiweiß
½ Tl Salz
200 g Zucker
1 El Speisestärke
2 El Zitronensaft
200 g Sahne
100 g Mascarpone
6 El Puderzucker
6 El Gin
½ Tl abgeriebene Zitronenschale
400 g frische Beeren
(z. B. Brombeeren, Himbeeren, Erdbeeren)

Den Backofen auf 120 °C vorheizen. Ein Backblech mit Backpapier auslegen und darauf einen Kreis von 20 cm Durchmesser markieren.

Eiweiß mit Salz steif schlagen. Zucker hinzugeben und so lange weiterschlagen, bis die Masse wieder ganz steif und der Zucker aufgelöst ist. Die Speisestärke dazusieben und den Zitronensaft hinzugeben. Alles nochmals gut verquirlen.

Die Masse mit einem Esslöffel in den markierten Kreis geben. Dekorative Spitzen hochziehen und in der Mitte eine Kuhle formen, in die später Sahne und Früchte kommen. Auf der unteren Schiene etwa 90 Minuten backen. Die Ofentür öffnen und die Pavlova im ausgeschalteten Ofen langsam abkühlen lassen.

Sahne und Mascarpone mit 2 Esslöffeln Puderzucker steif schlagen. 2 Esslöffel Gin und die Zitronenschale einrühren. Die Beeren putzen, waschen, trocken tupfen und gegebenenfalls halbieren oder vierteln. Die Beeren in einer Schüssel mit dem restlichen Puderzucker und dem restlichen Gin verrühren.

Die Sahnecreme auf der Pavlova verteilen und darauf die marinierten Beeren geben. Sofort servieren.

GIN TIPP

Brockmans ist ein mit Brom- und Heidelbeeren infundierter sehr weicher Gin aus England. Zu fruchtigen Gerichten passt er also perfekt. Auch **Williams Chase** mit Vanille- und Birnenaroma harmoniert mit der Pavlova wunderbar.

GURKEN-WASABI-CAPPUCCINO
MIT GIN

2 Salatgurken
1 Stängel Dill
3 Stängel Basilikum
Saft von 1 Orange
2 El weißer Balsamico
1 El Zitronensaft
3 El Gin
100 g Crème fraîche
2 El Wasabi-Paste
Salz
Pfeffer
4 Scheiben durchwachsener roher Speck
1 Eiweiß
1 Spritzer Zitronensaft
50 g Sahne
Pfeffer
1 Msp. gemahlene Korianderkörner

AUSSERDEM
Dill zum Servieren

Die Gurken waschen, längs halbieren und die Kerne mit einem Löffel herausschaben. Gurkenfruchtfleisch würfeln und in den Mixer geben.

Die Kräuter waschen, trocken tupfen, die Blätter von den Stängeln zupfen und grob hacken. Orangensaft mit Kräutern, Essig, Zitronensaft, Gin, Crème fraîche und Wasabi-Paste zur Gurke geben und alles glatt mixen. Mit Salz und Pfeffer abschmecken. Mindestens 1 Stunde ziehen lassen.

Kurz vor dem Servieren die Speckscheiben in einer Pfanne ohne Fett knusprig braun braten. Das Eiweiß mit 1 Prise Salz und dem Zitronensaft steif schlagen. Sahne ebenfalls steif schlagen. Mit Salz, Pfeffer und Koriander würzen. Eischnee unter die Sahne heben.

Die kalte Gurkensuppe nochmals aufmixen, abschmecken, dann auf Gläser verteilen. Obenauf den Schaum setzen und alles mit krossem Speck und etwas Dill garniert servieren.

Hendrick's ist ein klassischer Gurken-Gin – für diesen Cappuccino also ideal.

GEBRATENER WOLFSBARSCH
MIT GIN-CHORIZO-SCHAUM UND FORELLENKAVIAR

4 | 50 MIN. | 90 MIN.

4 Schalotten
125 g Chorizo
2 El Butter
100 ml Gin
200 g Sahne
1 kg mehligkochende Kartoffeln
Salz
½ Bund glatte Petersilie
2 Bund Schnittlauch
200 ml Milch
80 ml Olivenöl
2 Lorbeerblätter
4 Wolfsbarschfilet (à 180 g)
Salz
Pfeffer
1 Tl Lecithin
Muskat

AUSSERDEM
Forellenkaviar zum Garnieren

Schalotten schälen und fein würfeln. Die Chorizo ebenfalls fein würfeln. Die Butter in einer Pfanne erhitzen. Schalotten und Chorizo darin etwa 10 Minuten sanft braten. Mit Gin ablöschen und diesen zur Hälfte einkochen lassen. Die Sahne hinzugießen und alles 5 Minuten köcheln lassen. Vom Herd ziehen und ruhen lassen.

Die Kartoffeln waschen, schälen und in leicht gesalzenem Wasser etwa 20 Minuten gar kochen. Währenddessen Petersilie und Schnittlauch waschen und trocken tupfen. Petersilie von den Stängeln zupfen und fein hacken. Schnittlauch ebenfalls fein hacken. Die Milch mit 50 ml Olivenöl erwärmen. Den Backofen auf 200 °C vorheizen.

Für den Wolfsbarsch das restliche Olivenöl einer ofenfesten Pfanne erhitzen. Die Lorbeerblätter einlegen, den Fisch trocken tupfen, salzen und pfeffern und auf der Hautseite etwa 2 Minuten kräftig anbraten. Dann in der Pfanne wenden und für weitere 8 Minuten im heißen Ofen zu Ende garen.

In der Zwischenzeit die Sauce passieren, erneut erhitzen und das Lecithin einrühren. Mit dem Pürierstab schaumig mixen. Die Kartoffeln abgießen, mit der heißen Milch-Olivenöl-Mischung zerstampfen und die Kräuter unterheben. Mit Salz, Pfeffer und Muskat abschmecken.

Das Püree auf den Tellern anrichten. Darauf den Wolfsbarsch geben. Etwas Gin-Schaum darauf und daneben anrichten und alles mit etwas Forellenkaviar garniert sofort servieren.

GIN TIPP

Hermit kommt aus den Niederlanden und überzeugt mit frischem, leicht salzigem Aroma – perfekt zum Fisch.

Zauberhaftes Dinner

GIN CATALANA
MIT ORANGENFILETS

6 | | 20 MIN. | 90 MIN. |

100 ml Gin
300 ml Milch
75 g Zucker
1 Prise Salz
45 g Speisestärke
1 Msp. Zimtpulver
6 Eigelb
300 g Sahne
abgeriebene Schale von
  1 unbehandelten Orange

AUSSERDEM
Zucker zum Bestreuen
Orangenfilets zum Garnieren

Gin mit 50 ml Milch, Zucker, Salz, Speisestärke, Zimt und Eigelb verquirlen. Die restliche Milch mit der Sahne und der Orangenschale in einem Topf aufkochen. Das heiße Milch-Sahne-Gemisch in dünnem Strahl unter die Gin-Mischung quirlen. Dabei entsteht viel Schaum, das macht aber nichts. Diese Mischung zurück in den Topf gießen.

Die Mischung erneut erhitzen, dabei ständig mit einem Kochlöffel umrühren und dabei den Schaum unterheben. So lange rühren, bis die Masse andickt. Sie darf aber nicht kochen.

Den Topf vom Herd nehmen und die Creme unter Rühren in einem kalten Wasserbad abkühlen lassen. In 6 ofenfeste Förmchen verteilen und abgedeckt mindestens 1 Stunde kalt stellen.

Mit Zucker bestreuen und mit einem Bunsenbrenner karamellisieren. Mit Orangenfilets garniert servieren.

Du hast keinen Bunsenbrenner? Zur Not geht auch der Backofengrill. Zerkleinere dann jedoch auch den braunen Zucker so gut wie möglich, damit er schneller schmilzt. Streu ihn dann auf die Förmchen und lass den Zucker unter dem Backofengrill karamellisieren.

GIN TIPP

Zur Crema catalana mit ihren Orangenaromen passen die likörigen Sloe Gins wie der **Elephant** oder der **Sipsmith Sloe Gin.**

NEGRONI

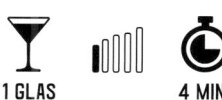

1 GLAS   4 MIN.

Etwas **ZERSTOSSENES EIS** in einen Shaker geben, **4 CL GIN**, **4 CL CAMPARI** und **2 CL SÜSSEN WERMUT** darübergießen und umrühren. In ein gekühltes Glas abseihen und mit **1 ORANGENZESTE** garnieren. Sofort servieren.

GIN TIPP

Herb und gleichzeitig frisch passt der **Nikka Coffey Gin** aus Japan perfekt. Anders, aber auch super: der würzige **Beefeater London Dry**.

SINGAPORE SLING

1 GLAS   4 MIN.

4–6 ZERSTOSSENE EISWÜRFEL in einen Shaker geben. **4 CL GIN, 1 CL CHERRY BRANDY, 2 CL ZITRONENSAFT** und **1 CL GRENADINE** darübergießen und kräftig mischen – die Mischung soll gut gekühlt sein.

Ein gekühltes Glas zur Hälfte mit **GESTOSSENEM EIS** füllen. Den Cocktail auf das Eis abseihen, mit **SODA** auffüllen und mit **1 LIMETTENZESTE** sowie **1 COCKTAILKIRSCHE** garnieren. Sofort servieren.

GIN TIPP

Das erdig-würzige Aroma des **Boar Gins** wirkt in diesem Cocktail nur auf den ersten Blick schräg. Trinkt man den ersten Schluck, stellt man die Wahl nicht mehr in Frage.

Zauberhaftes Dinner

COFFEE GIN TONIC

1 GLAS   4 MIN.

Gin Tipp: Deutliche Wacholdernoten passen super zu diesem Drink. Probiert also mal den **Krater Noster** oder den **Gordon's**.

4 CL GIN, 8 CL TONIC WATER, 4 CL COLD BREW COFFEE mit **4 EISWÜRFELN** in ein gekühltes Glas geben und vermengen.

COLD BREW COFFEE

5   3 MIN.   12 STD.

50 G SEHR GROB GEMAHLENEN KAFFEE mit **500 ML KALTEM WASSER** vermengen. 8–12 Stunden ziehen lassen, danach filtern (Handfilter oder French Press).

Tipp: Wer eine Vorrichtung für Cold Drip Coffee hat: benutzen! Passt zum Coffee Gin Tonic fasst noch besser.

Zauberhaftes Dinner

REZEPTVERZEICHNIS

Ananas-Gin-Salsa 75

Archangel 50

Arroz de marisco mit Gin-Flavour 41

Basil-Gin-Sorbet 76

Blätterteigstangen mit Gin-Pesto-Rosso 72

Brombeer-Gin-Mousse frische Beeren und dunkle Schokolade 86

Coffee Gin Tonic 110

Cold Brew Coffee 110

Coq au Gin 29

Flying Beauty 94

Forelle mit Gin-Meerrettich-Mousse 85

Frozen Gin Tonic 29

Gebratener Wolfsbarsch mit Gin-Chorizo-Schaum und Forellenkaviar 105

Geflügelleber-Terrine mit Gin parfümiert 82

Gefüllte Gurken mit Ziegenkäse-Gin-Crème 52

Gegrillte Gin-Ananas 57

Gegrillte Rib-Eye-Steaks mit Gin-Marinade 54

Gemüse-Nuss-Empanadas mit Gin-Granatapfel-Tsatsiki 66

Geräucherte Forelle mit Gin-Meerrettich-Mousse 85

Gimlet 47

Gin catalana mit Orangenfilets 106

Gin Fizz 79

Gin Mule 47

Gin Sour 40

Gin Tonic 29

Gin-Arrabbiata 30

Gin-Beeren-Trifle 42

Gin-Chorizo-Schaum 105

Gin-Dip 26

Gin-Garnelen mit Linguine und Limettenzesten 96

Gin-Garnelen-Spieße mit Grapefruit-Salat 73

Gin-Gazpacho mit Avocado 60

Gin-Granatapfel-Tsatsiki 66

Gin-Graved-Lachs mit Ingwer-Orangen-Sauce 61

Gin-Mayonnaise 18

Gin-Meerrettich-Mousse 85

Gin-Melonen-Granita mit Minze 68

Gin-Mojo-Rojo 40

Gin-Mousse au Chocolat 36

Gin-Paprika-Creme 99

Gin-Pesto-Rosso 72

Gin-Risotto mit gebratenen Steinpilzen 92

Gin-Sahne 100

Gin-Salsa mit Nachos 27

Gin-Tonic-Poptail 46

Gin-Trüffel 94

Gin-Wasabi-Crème 88

Grapefruit-Salat 73

Gurken mit Ziegenkäse-Gin-Crème 52

Gurken-Wasabi-Cappuccino mit Gin 104

Hähnchen-Gin-Pfanne 32

Ingwer-Orangen-Sauce 61

Kapern-Gremolata 18

Knusprige Kräuter-Gnocchi mit Gin-Paprika-Creme 99

Kräuter-Gnocchi mit Gin-Paprika-Creme 99

Kräuterspätzle 85

Linguine in Tomaten-Kräuter-Gin 22

Mariniertes Flanksteak vom Grill mit Ananas-Gin-Salsa 75

Nachos 27

Negroni 109

Old-School-Rehmedaillons mit Rosmarin-Gin-Sahne und Rosenkohl 35

Oliven-Grissini mit Gin-Dip 26

Pastrami-Sandwiches mit Kapern-Gremolata und Gin-Mayonnaise 18

Patatas bravas mit Gin-Mojo-Rojo 40

Pavlova mit Gin-Sahne und marinierten Beeren 100

Penne Gin-Arrabbiata 30

Poptails 46

Rehmedaillons mit Rosmarin-Gin-Sahne und Rosenkohl 35

Reh-Ragout mit Gin-Flavour und Kräuterspätzle 85

Rhabarber Fizz 50

Rosmarin-Gin-Lammstelzen 93

Singapore Sling 109

Thunfisch-Avocado-Tatar mit Gin-Wasabi-Crème 88

Tom Collins 79

Tomaten-Gin-Suppe mit Huhn 20

Tonic-Küchlein mit Gin-Creme 62

Wolfsbarsch mit Gin-Chorizo-Schaum und Forellenkaviar 105

Ziegenkäse-Gin-Crème 52